Alexander Bloethner

Die Geschichte der ArbeiterBewegung

Im Fürstentum Reuss Älterer Linie: Ziviler Ungehorsam im 19. Jahrhundert

Ein Beitrag zur Geschichte der Reussischen Länder In Ostthüringen

Aus der Reihe: Plothener Hefte zur Thüringer Regionalgeschichte Band 16

Über den Autor:

Alexander Bloethner M. A. (phil), geboren 1974 in Schleiz, hat an der Universität Jena ein ›Studium Generale‹ mit Schwerpunkt auf Geschichte und Soziologie absolviert und verfasst Bücher über Lebensphilosophie, Sagen, Regionalgeschichte, Landschaftsmythologie, aber auch über Alltags-, Sozial- und Wirtschaftsgeschichte.

Tannhäuser
Alexander Blöthner
2. Auflage
Plothen 2017

HERSTELLUNG UND VERLAG: B o D – BookS on DemanD Norderstedt
ISBN-Nr. 978-3-743-17627-0

Inhaltsverzeichnis

EINLEITUNG

*„Ist es denn gleich Demokratiefeindlichkeit, nur weil man auf
Probleme aufmerksam macht, die die Demokratie bedrohen?"*

Gegenwärtig erscheinen uns Demokratie und Meinungsfreiheit so
selbstverständlich und schnell ist vergessen: Das hohe Niveau politischer Unabhängigkeit kam nicht von allein. Es wurde in Jahr-
zehnten und in zum Teil aufopferungsvollem Kampf den Mächtigen
Stück um Stück abgerungen. Freiheit(en) konnte dazumal nur
genießen, wer stark genug war, sie auch zu behaupten. Was hat
sich heute daran geändert, zumal angesichts der zunehmenden
politischen Entscheidungsübergabe an demokratisch nicht gewählte
Gremien der Europäischen Union die Demokratie auf dem Kon-
tinent auf ein Niveau zurückzufallen droht, wie noch vor der Französischen Revolution. Mit dieser Broschüre soll die Geschichte der
Arbeiterbewegung im ehemaligen Fürstentum Reuß ä.L., welche
zuzeitig ein Empordringen der Sozialdemokratie war, für unsere
Zeit neu erzählt werden, als ein Kampf gegen Armut, schlechte
Arbeitsbedingungen, politische Bevormundung, sowie für betrieb-
liche Mitbestimmung und sicherere Lebensumstände. Es geht um
das Ringen einer Generation, die im Zeichen von Industrieller
Revolution und Landflucht aus ihrem gewohnten Lebensumfeld
gerissen wurde und sich neu definieren musste. Lassen Sie uns in
die schillernde Epoche dieser angeblich so guten alten Zeit ein-
tauchen und ein lebendiges, aber differenziertes Bild des Reußischen Landes und seiner Bewohner aufzeigen.

I.1. Fragestellung und Methodik

Die vorliegende Broschüre wird sich mit dem Einfluss der aufstre-
benden Arbeiterbewegung auf die sich in Deutschland und speziell
in Reuß ä.L. verspätet herausgebildete Demokratie beschäftigen.
Dabei beschreiben wir, wie die schnell wachsende sozialdemokratische Parteiorganisation die politische Meinungsbildung und das
politische Bewusstsein, der unteren Bevölkerungsschichten erfasst
und beeinflusst hat.
Am Beispiel des Fürstentums Reuß ä.L., einem territorial zer-
pflückten Landstrich an Weißer Elster und oberer Saale lässt sich
diese Entwicklung besonders anschaulich darstellen. In so gut wie
keinem anderen deutschen Bundesstaat gab es noch so starke
feudale Reste. Angesichts der überdurchschnittlich schnellen Industrialisierung und den damit verbundenen massiven Verände-

rungen im Sozialgefüge geriet das *„Ancien Regime"* [IV] ebenda schnell unter Zugzwang. Der regierende Bundesfürst Heinrich XXII. wusste sich am Ende nicht anders mehr zu helfen, als das absolute Verbot alternativer politischer Betätigung in seinem Land durchzusetzen. Diese Sanktionen sollten bis weit nach ihrer Aufhebung im Jahre 1903 die politische Kultur des Ländchens bestimmen. Von sozialdemokratischen Abgeordneten im Landtag konnte damals freilich keine Rede sein. Die reußischen Sozialdemokraten schafften es dagegen relativ schnell, in den Reichstag zu kommen; 1878 erlangten sie ein sozialdemokratisches Reichstagsmandat. Damit war Reuß ä.L. nach Preußen und Sachsen der dritte deutsche Bundesstaat überhaupt, in dem die Partei das erreichen konnte. Wie passen diese scheinbar widersprüchlichen Entwicklungen zusammen?

I.2. Politische, soziale und geographische Rahmenbedingungen für die Entwicklung der Arbeiterbewegung in Reuß a. L.

Zunächst gilt es, den geographischen und sozialen Raum – in dem unsere Geschichte spielt – einmal abzustecken:

Zur Topographie des Landes

Das Fürstentum Reuß ä.L. bestand aus drei, räumlich mehr oder weniger voneinander isolierten Landesteilen mit Gebieten der jüngeren reußischen Linie (Gera und Schleiz) dazwischen. Das hatte den Vorteil, dass die Bevölkerung auf dem flachen Land seitens der Residenz nicht so leicht angegangen werden konnte, wie im benachbarten Königreich Sachsen, einem geschlossenen Flächenstaat. Dagegen behinderten die vielen Schlagbäume auf den Chausseestraßen wie auch die Brücken- und Mautgebühren selbst den Verkehr noch bis in die 1880er Jahre hinein beträchtlich.[2]

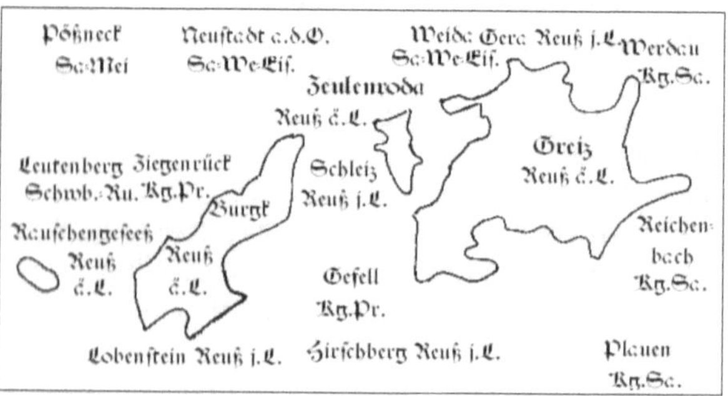

Insgesamt umfasste der Zwergstaat Reuß ältere Linie eine Gesamtfläche von lediglich 316 Quadratkilometern Er gehörte damit zu den kleinsten Territorien des Kaiserreich. Im Gegenzug gab es in ganz Deutschland beinahe kein Gebiet mit einer höheren Bevölkerungsdichte [216 Einwohner je km², gegenüber 119 im Reichsdurchschnitt]. Die Einwohnerzahl nahm ab 1880 rasant zu, betrug nach einer Volkszählung im Jahre 1880 – 50.782, 1913 bereits 72.616 Einwohner.[3]

Zur Industrialisierung

Die Industrialisierung des Elstertals erfolgte in Anlehnung an die wirtschaftliche Entwicklung Westsachsens[4]. Seit jeher hatte es hier, wie in der sächsischen Nachbarschaft Bergbau, Metallwesen und Weberei gegeben.

Der Elsterfluss verband die Industriestandorte Plauen, Greiz, Gera und Zeitz miteinander, die einen homogenen Wirtschaftsraum darstellten. Arbeiter wie Unternehmer hatten seit jeher familiäre, wie auch geschäftliche Verbindungen zu den industriellen Ballungsgebieten um Plauen, Reichenbach, Crimmitschau, Zwickau und Glauchau unterhalten. Trotz der innigen strukturellen Verflechtungen beeinflusste dieses Netzwerk, den benachbarten Greizer Raum weit weniger, wie es zu erwarten gewesen wäre.

Die Arbeiterbewegung hatte sich in Westsachsen schon sehr früh entwickelt. Strukturell hatte das auf den reußischen Raum keine uns überlieferten Auswirkungen. Dafür gibt es drei Ursachen:

• Das stark partikularistisch[5] und „absolutistisch" orientierten Milieu,

• Die Mentalität der Greizer Bevölkerung

• Die periphere (an den Rand gedrängte) Verteilung der Greizer Arbeiterwohnbevölkerung erschwerten die Organisation enorm.

Die Bewohner von Greiz

Viele Greizer Bürger fühlten sich als Residenzstadtbewohner den anderen Reußen gegenüber als mehr oder weniger „überlegen".

Diese Mentalität dürfte auch von Teilen der Unterschichten mit getragen worden sein. So kam eine Handlungseinheit etwa mit Arbeitern aus Zeulenroda anfangs nur schwer in Gang, zumal zwischen den beiden Städten aufgrund ihrer Nähe schon immer eine wirtschaftliche Konkurrenz bestanden hatte. Auch war Greiz der Hauptsitz der Behörden. Für diese wird es leichter und wohl auch bequemer gewesen sein, die Gesetze der Landesregierung in der Residenz zu überwachen als im entfernten Zeulenroda.

Das wichtigste Strukturmerkmal des Raumes war, die Wohnverteilung der Arbeiterbevölkerung. Zunächst war die kleine Greizer Arbeiterschaft zahlenmäßig weit hinter den Handwerkern und Dienstleuten zurückgestanden; sie bildete nur langsam eine eigene Identität bzw. Subkultur[6] heraus. Im Jahre 1875 jedoch hatten sich die Bevölkerungsstrukturen bereits so weit verändert, dass jeder zweite Greizer dem Webereiarbeitermilieu angehörte.[7]

Die Bautätigkeit in der Stadt entsprach dem Bevölkerungswachstum längst nicht mehr. Alle Versuche der Landesregierung, die Baufirmen zur Errichtung von Mietskasernen zu bewegen, wurden von den Unternehmern bis weit nach 1880 hintertrieben.

Dem Platzmangel wich man durch den Bau von Arbeiterhäusern in den Nachbardörfern aus und es kümmerten niemand, dass viele Greizer Beschäftigte neben ihren 12, 14, gar 16stündigen Arbeitstag auch noch einen Arbeitsweg von je einer Stunde und mehr zu bewältigen hatten.[8] Dadurch war die Greizer Arbeiterschaft dezentralisiert, die soziale Kommunikation erheblich erschwert. Erst als jene Dörfer mit der Stadt verschmolzen, bildeten sich geschlossene Arbeiterviertel. Mit dem Zurückdrängen des milieufremden bäuerlichen Elements in diesen Orten kam die Bewegung langsam in Gang. Die Greizer Arbeiterbewegung entwickelte sich zunächst langsam aus örtlich begrenzten Vereinen heraus, welche immer unter dem Auge der Obrigkeit standen[9].

Das flache Land (Schattenseiten der Revolution von 1848)

Das sogenannte „Greizer Unterland" sowie die angrenzenden Hochebenen waren rein agrarisch geprägt. Hier dominierten politisch wie ökonomisch über ein dutzend Rittergüter, in deren Schatten die von Mittel- und Großbauern durchsetzten Dorfgemeinschaften wirtschafteten, wobei die in den Dörfern lebenden Kleinhäusler meist in ökonomischer Abhängigkeit zum Rittergut standen und erst ziemlich spät in die Nachbarschaft der Bauerngemeinde integriert wurden, wie auch die Auflösung der Rittergutsbezirke an sich und deren Einbezirkung in die Ortsgemeinden nur mittels Reichsgesetzen und sehr spät erfolgen konnte. Die Ablösung der Feudallasten im Jahr 1848 hatte sich nur für die ökonomisch bessergestellten Bauernhöfe ausgezahlt, die nach dem Ende des Flurzwangs und der Ablösung von Nutzungsrechten Dritter über ihre Flächen [z.B. Mitbeweidung] nun ihre Anwesen zu modernen landwirtschaftlichen Betrieben ausbauen konnten.

Dagegen hatte ein großer Teil der Dorfbewohner die „Bauern-
befreiung" als äusserst ungünstig empfunden. Viele der unteren
Positionen in der „Dorfhierarchie" waren von ihr hinweg gefegt
worden. Gefährdet waren vornehmlich Gemeindediener, Häusler
und Kleinbauern: Wenn auch die Gemeindearbeiter, wie etwa die
Dorfhirten, Nachtwächter oder Flurschützen, in der Regel unter-
bezahlt und schlecht behaust waren, so hatten sie doch im Gegensatz zu jener stetig zunehmenden pauperisierten Masse, die
arbeits-, obdach- und weitgehend auch chancenlos durchs Land
zog, bisher den Vorteil genossen, Teil des Dorfes zu sein und
somit über eine gesicherte Erwerbsgrundlage zu verfügen. Nach
1848 drohte etlichen von ihnen das aus. Rechte und Pflichten im
Dorf wurden neu verteilt, die Gemeindewirtschaft optimiert. Für
viele besitzlose Gemeindehirten oder Nachtwächter, die bisher
ihre Dienste mit Nutzungsrechten an Gemeinschaftsgütern [die
nun an die Mitglieder der Bauerngemeinde aufgeteilt oder verkauft wurden] vergolten bekommen hatten, war nun kein Platz
mehr. Ebenso existenzbedroht waren viele Kleinbauern, welche
die relativ hohen Ablösesummen der Grundherren für ihre Höfe
finanziell nicht verkraften konnten, auch wenn die Tilgung dafür
über Jahrzehnte über die Landrentenbank angelegt war. Die
Betroffenen wanderten also in die Städte ab und führten dort der
schnell wachsenden Industrie die dringend benötigten Arbeits-
kräfte zu. Zurück blieb bei manchem Dorfbewohner ein negativer
Nachgeschmack. Die Unterstützung für die Fürstenpartei hielt sich
von nun an in Grenzen, obwohl die revolutionären Impulse von
1848 ursprünglich vom Bürgertum ausgegangen waren.[10]

Die Arbeiterstadt Zeulenroda

Die damals etwa 6.000 Einwohner zählende ehemalige Ackerbür-
gerstadt Zeulenroda[11] hatte stets im Schatten von Greiz gestanden. Territorial umfasste sie kaum mehr als das Stadtgebiet und
war verkehrsmäßig schlecht angebunden.[12] Dennoch gab es eine
ansehnliche Industrie. Im Ort entstanden große Webereien. Die
Heimwerker in der Umgebung avancierten in den 1860er Jahren
mehr und mehr zu Fabrikarbeitern. Die Unternehmer hatten sich
wie in Greiz nicht aus der örtlichen Honoratiorenschicht herausgebildet, sondern aus den Handwerkszünften. Die Unternehmer-
und Arbeiterschaft entstammte dem gleichen Milieu und entwickelte sich parallel zueinander. Darum standen sie in längerer
und engerer Kommunikation miteinander als anderswo.

Dem Zustrom der Arbeiter aus den Nachbarorten begegnete man mit dem Bau von Mietskasernen, die sich schachbrettartig um die Altstadt ausbreiteten. Dieser Umstand sollte später sowohl der Kommunikation als auch dem Organisationsgrad der werdenden Arbeiterbewegung zu Gute kommen. **Es ist kein Zufall, dass sich die Sozialdemokratie von Reuß ä.L. ausgerechnet in Zeulenroda entwickelte.** Dieser Entwicklung standen viele der etablierten[13] Einwohner Zeulenrodas nicht gerade wohlwollend gegenüber. Schließlich stand die patriotische Ehre gegenüber dem Fürstenhaus auf dem Spiel. Die Masse der Kleinbürger hat das hingegen nicht so eng betrachtet und je nach persönlicher Ziel-stellung sowohl nationalliberal, lokal-konservativ, als auch sozial-demokratisch gewählt. Viele Sozialdemokraten entstammten dem kleinbürgerlichen Milieu. Es gab viele Heimarbeiter, die sich lieber mit einem kleinen Laden oder einer Gastwirtschaft selbstständig machten, als vom Alleinmeister zum Fabrikarbeiter absteigen zu müssen. Zudem ist die Tradition der 1848er Bewegung in Zeu-lenroda nie zum Erliegen gekommen und mancher Bürgermeister setzte sich über die Befehle der Landesregierung zur Bekämpfung von Sozialdemokratie und Streiks einfach hinweg.

Die „Feudalherrschaft" Burgk

Während die Gebiete um Greiz und Zeulenroda städtisch indus-triell geprägt waren, bestand das Amt Burgk, von den Elsterlän-dern leicht herablassend *„die Burg"* genannt, lediglich aus 10 Dörfern und 2 Marktgemeinden. Diese verteilten sich um die Sommerresidenz des Fürsten – Schloss Burgk – herum in einem schmalen (etwa 5 Kilometer langen und 20 Kilometer breiten) beinahe durchweg bewaldeten Streifen entlang des für uns heute so malerisch wirkenden Saaletals. Auf den Hochebenen hatten sich 5 Rittergüter etabliert. Die Sümpfe um das Plothener Teich-gebiet und die schmalen zerklüfteten Täler der Saale und ihrer Nebenbäche galten für den Gutsbetrieb als wenig rentabel.
Man hatte sie deshalb den Bauern überlassen, die es aber bald verstanden, die sauren Feuchtwiesen viehwirtschaftlich zu nutzen.
In dieser herrschaftsfernen Zone entstanden einflussreiche Dorf-gemeinschaften, denen es durch mehr oder weniger freiwillige Unterordnung der Einwohner gelungen war, die partikularen Inte-ressen ihres Dorfes gegenüber den Rittergütern und der Landes-regierung durchzusetzen.[14] Politisch waren die Bewohner aller-dings wenig interessiert.

Erst durch die Wahlkampfreisen, die Wilhelm Blos 1877 in diesem abgelegenen Landstrich unternahm, wurde das Gebiet langsam politisiert[15].

I.3. <u>Die politischen Besonderheiten des Landes</u>

In keinem Gebiet Thüringens veränderten sich die sozialen Verhältnisse so schnell, wie in Reuß ä.L. und in keinem war man so sehr um die Aufrechterhaltung bedeutender Reste feudalistischer Tradition bemüht, wie hier.[16] Kaum anderswo war der Unitarismus[17] so lange behindert worden.[18] Dreh und Angelpunkt der Verwaltung war und blieb der regierende Fürst Heinrich XXII.. Unter den Augen des gestrengen Herrn erledigte ein Regierungsrat das aktuelle Tagesgeschäft. Er verfeinerte lediglich die Vorschläge des Regenten.

Der reußische **Landtag** war eher „mittelalterlich-ständisch" organisiert. Der eher statische Grad der Mitwirkung der Bevölkerung richtete sich noch nach Berufsgruppen. Gutsbesitzer und Stadtgemeinden befanden sich gegenüber Industriellen und Kaufleuten bei weitem im Übergewicht. Weite Teile der Einwohnerschaft, besonders die unteren Schichten blieben von vorneherein ausgeschlossen. Diese Dominanz des Fürstenhauses war auch territorial gegeben: Über die Hälfte der gesamten Waldfläche gehörte dem reußischen Haus. Dieser Umstand war es wohl, der jenen Bauern bewegte, der gegenüber Wilhelm Blos äusserte:

> *„Sie sprechen von unserem Staat,*
> *aber es ist kein Staat, es ist ein großes Rittergut!* [19]*"*

Inwieweit dieser Ausspruch die Landesverwaltung tatsächlich charakterisierte, sehen wir jetzt:

Der Regierungsstil Heinrichs XXII.

Während die Regenten von Reuß jüngere Linie ihren Fortbestand in der Anpassung an die sich verändernden Rahmenbedingungen sahen, blieb Heinrich XXII. zu Greiz streng konservativ eingestellt. Obwohl er beinahe den ganzen Tag an seinem Schreibtisch saß und niemand ihm absprechen kann, um das Wohlergehen seiner Landeskinder sichtlich bemüht gewesen zu sein und tatsächliche Inkompetenz ihm niemals nachgewiesen werden konnte, hatte er den radikalen sozialen Gleichgewichtsverschiebungen in seinem Land nichts entgegenzusetzen. Seine wirtschaftlichen, wie sozialen Programme waren durchaus ernstgemeint. Sie stammten jedoch aus einer anderen Zeit und konnten von dem erstarrten, dogmatisch-ignoranten Beamtenapparat gegen den Widerstand der vereinten Fabrikanten und Händler nicht durchgesetzt werden. Darüberhinaus existierte in Reuß ä.L. noch keine moderne Ministerialorganisation.[20] Heinrich XXII. kümmerte sich bei der Regierung seines Landes oft um kleinste Details.[21] Er hatte kein natürliches Verständnis für die Probleme seiner Zeit und beharrte unverwandt auf die Unantastbarkeit seiner Dynastie und dem Gottesgnadentum seiner Herrschaft.[22]

Als Sohn der Prinzessin Caroline von Homburg war er streng orthodox-lutherisch erzogen worden[23] und sah das Heil seines Landes in einem gottgefälligen Leben seiner Untertanen. Er forcierte für uns heute schwer nachvollziehbare Maßnahmen zur „sinnvollen" Volkserziehung. Dazu gehörten ein etwa 12 stündiger Religionsunterricht je Woche an den Schulen ebenso, wie eine Unzahl konsum- und vergnügungsfeindlicher Polizeimandate.[24]

Auch scheinen sich die strengen Versammlungsbestimmungen auf das gesellige Leben allgemein ausgewirkt zu haben. Tanzveranstaltungen jeder Art waren streng reglementiert, die Öffnungszeiten der Wirtshäuser bestimmend geregelt.

Für unsere Problematik ist hierbei von Bedeutung, dass im Fürstentum nicht nur politische bzw. Vereinsaktivitäten überwacht wurden, sondern jegliche öffentliche Betätigung der Untertanen an sich.

Die Aussenpolitik des Fürsten

In der Vergangenheit hatten die Reußen, die ursprünglich Vasallen der Könige von Böhmen waren, im Zuge der Entstehung der deutschen Territorialstaaten ihre Herrschaft nichtzuletzt darum nicht verloren, weil sie von Österreich unterstützt wurden.

Auch Heinrich XXII. blieb dem Hause Habsburg persönlich und verwandtschaftlich treu verbunden und forcierte unbeugsam, allen Widerständen zum Trotz, die großdeutsche Lösung.[25]

Diese Absicht hätte ihm im Preußisch-Österreichischen Krieg von 1866/67 beinahe den Thron gekostet. Seine Streitkräfte, die in Friedenszeiten etwa 50 Mann umfassten, standen im Kampf auf österreichischer Seite. Fortan verfolgte der Fürst alle unitären Bestrebungen auf Reichs- wie auf Landesebene voller Hass. Seine Stimme im Bundesrat nutzte er weidlich aus, um Gesetzesvorlagen zu blockieren, die er für preußisch hielt. Sein Hof wurde zum Tummelplatz sogenannter „renitenter Hessen". Das waren vorwiegend hessische und welfische Beamte, die im Zuge der Einverleibung von Hessen-Kassel durch Preußen ihre Position verloren bzw. aus Protest aufgegeben hatten und nun in Greiz wieder aufzusteigen hofften. Letzten Endes war Heinrich XXII. nicht der schrullige Throninhaber eines Zwergstaates, der die Auflösung seines Ländles im Deutschen Reich zu verhindern suchte. Als Vertreter des „*Ancien Regime*" wandte er sich öffentlich gegen die deutsche Kolonialpolitik, den Ausbau der Militärmaschinerie und verurteilte das Großmachtsstreben Deutschlands. Seine unbeugsame Haltung hat nicht nur den Spott seiner Gegner, sondern auch Achtung bei jenen hervorgerufen, für die das Rad der Geschichte zu schnell lief und zu kurzsichtig gesteuert wurde.[26]

Fürstenpartei contra Nationalliberale

Zu Beginn der 1860er Jahre hatte sich der Vater des amtierenden Fürsten, Heinrich XX., bemüht, zwischen den in Innungen organisierten Handwerksbetrieben, welche die Ansiedlung der Industrie in Grenzen zu halten suchten und den Firmengründern, die sich durch das strenge konservative Wirtschaftsreglement behindert sahen, einen Ausgleich herbeizuführen. Die Errichtung von Fabriken wollte der Regent, dem alles Maschinelle ein Graus war, nicht verbieten,[27] weil sie der Finanzkasse erhebliche Mehreinnahmen versprachen. In Greiz und Zeulenroda hatte sich eine starke liberal gesinnte Lobby gebildet, der es gelang den jungen Heinrich XXII. nach dessen Regierungsantritt 1867 zu wirtschaftlichen Reformen zu überreden.[28] Der Beitritt zum „Norddeutschen Bund" war für den industriellen Start des Reußenlandes überaus wichtig, weil sich der Wirtschaftshorizont damit enorm erweiterte.[29]

Die Firmengründer hingegen, die bedingt durch die Reglementierungen der Landesregierung solange behindert worden waren, versuchten nun ihren Rückstand gegenüber ihren Konkurrenten anderen Ballungsgebieten, der gut zwei Jahrzehnte ausmachte, in wenigen Jahren aufzuholen. Dabei kam es stellenweise zur ungehemmten Ausbeutung der Arbeiter; das drückte sich auch in einem rapiden Verfall der sozialen Situation in Greiz und Zeulenroda aus, zumal sich die Arbeiterbewegung zu dieser Zeit noch in ihren Anfängen steckte.[30] Nicht nur die unitäre Wirtschaftspolitik der Liberalen, sondern auch das Versagen ihrer ortsansässigen Vertreter in sozialen Fragen dürften in Heinrich XXII. jenen tiefen Hass auf alles Liberale erzeugt haben, der ein wesentlicher Bestandteil seiner späteren Politik werden sollte.

Wurden die reußischen Sozialdemokraten zur Zeit des Sozialisten-Gesetzes schon schärfer als anderswo verfolgt und mit Geld und Arrest bestraft, kannte der Fürst gegenüber den Nationalliberalen erst recht kein Erbarmen. Fälle wie der des Redakteurs der nationalliberalen „Greizer Zeitung," der es gewagt hatte, beim Abdruck einer fürstlichen Verordnung das Wort: „geruhte" in Gänsefüßchen zu setzen und dafür mit einer mehrjährigen Gefängnisstrafe zu büßen hatte, waren zwar nicht die Regel, aber auch keine Ausnahme.[31]

Der Reußische Landtag

Heinrich XXII. hatte es mit Hilfe seines Regierungspräsidenten Otto – einem geschickten und umtriebigen Juristen – geschafft, dass die vom verfassungsgebenden Landtag 1848 ausgearbeitete demokratische Verfassung zu den Akten kam.[32] Eine konstitutionelle Verfassung war in Reuß ä. L. erst 1867 eingeführt worden.[33] Erst der Beitritt des Fürstentums zum Norddeutschen Bund sollte eine Verbesserung der Verhältnisse herbeiführen.[34]

Der Erfolg blieb formal:[35] Der Ständetag, in den eine kleine Gruppe von 12 Vertretern von landtagsfähigen Rittergütern bzw. Kommunen vertreten war, wurde nun mehr oder weniger als Landtag übernommen. In diesem exklusiven Kreis von

- 3 Fürstenvertretern,
- 2 Beauftragten der Rittergutsbesitzer und Großbauern,
- 3 Vertretern der ländlichen und
- 2 der städtischen Bevölkerung

gab es wenig Platz für die wachsende Zahl der städtischen Fabrikarbeiter, von denen viele noch kein Bürgerrecht besaßen und für die Interessen der Greizer und Zeulenrodaer Großbürger.

Infolge des **Verbotes aller politischer Vereine** in Reuß ä.L. war nicht nur jegliche politische Aktivität erschwert. Frauen,[36] als auch „Minderjährige" unter 25 Jahren wurden von allen öffentlichen Versammlungen ausgeschlossen. Auch nach den Erfolgen der Reußischen Sozialdemokratie im Reichstagswahlkampf von 1878 blieb der Landtag ihren Vertretern unzugänglich[37].

Die Großbürger hingegen konnten über ihre Verbindungen zu den städtischen Wahlkreisabgeordneten unter nationalliberaler Federführung im Landtag zumindest beschränkt mitentscheiden. Wenn diese verdeckte Opposition doch einmal die Beschlüsse des Fürsten gefährdete, konnte dieser immer noch den Landtag auflösen und neu „wählen" lassen.[38] Erst später erschienen Wahllisten für den Landtag, damit die Vertreter der bürgerlichen Parteien, nicht aber die Vertreter der Unterschicht[39] auch offiziell im Landtag agieren konnten. Höchstwahrscheinlich lief der Modus über Wahlmänner.[40]

I.4. Die Vorformen der Arbeiterbewegung im Land bis 1870

Verarmung der Heimwerker

Die Situation der Heimarbeiter in und um Greiz und Zeulenroda hatte sich, wie auch in anderen Teilen Deutschlands, seit **1830** rapide verschlechtert. Ursache hierfür war die beginnende Mechanisierung der Weberei und die Einfuhr billiger, vor allem britischer Produkte. Es kam zu einem Preisverfall und die Lohneinbußen der Heimwerker, von denen die Mehrzahl bereits als „Alleinmeister" ohne Mitarbeiter wirtschaften musste, war enorm. Die ehemals stolzen Mittelständler waren infolge zunehmender Verarmung von einem Statusverfall bedroht.[41]

Die soziale Situation der Arbeiter etwa in Zeulenroda war **1843** so schlecht, dass Bürgermeister Stemmler sie „Lohnsklaven" nannte, sich damit aber den Zorn der Manufakturbetreiber zuzog.[42]

Die meisten Heimwerker verdienten wenigstens bis 1870 soviel, dass sie sich über Wasser halten konnten. Die Mehrzahl von ihnen hatte in der Landwirtschaft einen Nebenerwerb.[43] Die Zeiten, wo die Ackerbürger von Greiz und Zeulenroda weitestgehend von der Landwirtschaft leben und ihre Einnahmen aus der Meisterwerkstatt sparen konnten, waren längst vorbei. Interessant ist auch der von dem Forscher Robert Mailbeck für die Tuchfabrikation in Neustadt a.d. Orla festgestellte Befund, dass noch in den 1890er dort vielerorts keine modernen Maschinen angeschafft zu werden brauchten, weil vieles – allein aufgrund der deutschlandweit hier niedrigsten Löhne – mit der Hand [durch Handweber] getätigt werden konnte.

Unterstützungsvereine – Vorformen der Arbeiterbewegung?

Staatliche Hilfen und private Mildtätigkeit konnten die sozialen Missstände auf Dauer nicht lösen. So griffen die Arbeiter und Heimwerker zur Selbsthilfe. Bereits um **1850** scheint es Vorläufer von Unterstützungskassen für Arbeiter gegeben zu haben.[44] Ein Teil des Wochenlohnes aller Mitglieder wurde einbehalten, um ihnen im Notfall helfen zu können. In Zeiten der Rezession kamen diese Kassen jedoch schnell an den Rand ihrer Leistungsfähigkeit.

Die Beiträge der noch Beschäftigen mussten erhöht werden, was manches Mitglied bewog, der Kasse den Rücken zu kehren.

Die Kassen waren so ständigem Wandel unterworfen: Sie lösten sich entweder auf oder beschränkten sich auf genau umrissene Aufgaben: z. B. Begräbnisvereine,[45] oder sie nahmen nur bestimmte Berufsgruppen auf. Zudem unterschieden sich die Kassen auch qualitativ, je nachdem welche Berufsgruppe in sie einzahlte. Trotzdem kam die **Weberstiftung** (1857) während der Rezession im Jahre 1858, als die meisten Weber beschäftigungslos wurden, schnell an ihre Grenzen.

Andererseits konnte ein **Unterstützungsverein** von qualifizierten, für den Unternehmer schwerer ersetzbaren Arbeitern zu einer Macht werden, an welcher selbst autokratische Fabrikanten nicht vorbei kamen. Das war bei den **Greizer Druckern** der Fall: Sie schufen eine gegenseitige Reisekostenunterstützung. Diese ermöglichte den Druckern nicht nur Mitglieder mit langen Arbeitswegen zu unterstützen. Im Zuge des Wanderbetriebs der Gesellen konnten so Verbindungen nach Sachsen und Böhmen geknüpft und unterhalten werden. Die Druckerorganisation wurde mental so gestärkt, dass man es sich erlauben konnte, jegliche Zusammenarbeit mit unorganisierten Kollegen abzulehnen sowie keine Überstunden leisten zu müssen. Diese Vorformen einer Gewerkschaft bewährten sich indes nicht: Die Zahl der Drucker nahm in den 1870er Jahren in Greiz erheblich zu, so konnte man sich immer weniger einigen. Am Ende entzweite − wie noch heute übrigens die Einführung von Akkordsystemen sowie die Einführung von zwar sehr geringen, aber doch umso mehr als ungerecht empfundenen Lohnunterschieden die Kollegen und der Verein kam spätestens mit der Sozialgesetzgebung Bismarcks[46] zum Erliegen.[47]

Die Wirtschaftskrise von 1858

Die Situation der Greizer Bevölkerung − 20% derselben entstammte schon dem Webermilieu − verschlechterte sich infolge der Wirtschaftskrise ab **1858**, zusehends.[48] Die Regierung versuchte die Beschäftigungsnot mit Arbeitsbeschaffungsmaßnahmen (Wege- und Chausseebau) in den Griff zu bekommen und appellierte an die soziale Verantwortung der Unternehmer. Diese verlegten sich aufs Feilschen und erklärten sich erst dann bereit, die Weber weiter zu beschäftigen, wenn ihnen das notwendige Betriebskapital vom Staat vorgeschossen würde.[49] Bevor die

„Weimarische Bank" zur Kreditauszahlung kam, hatte sich die Marktlage wieder gebessert. Vielleicht war es diese Erfahrung, welche die Landesregierung dazu bewog, die Unterstützungskassen der Arbeiter ab **1860** wenigstens informell anzuerkennen.[50] In der Folge bildeten sich weitere Unterstützungsvereine, wie die Unterstützungskasse für Fabrikarbeiter (1862).[51] Während die meisten Unterstützungsvereine im Fürstentum zeitlich und lokal begrenzt blieben, waren die Bauhandwerker in den 1860er Jahren schon in einer überregionalen Genossenschaft organisiert.

Eine Wirtschaftskrise als Auslöser der Bewegung?
Von einer organisierten Arbeiterbewegung kann man im Fürstentum erst seit 1869 sprechen. Die radikalen sozialen Veränderungen der letzten Jahre hatten nicht unwesentlich zur Etablierung einer Interessenvertretung beigetragen.[52] In den 1860er Jahren waren immer mehr mechanische Webstühle in den Städten installiert worden. Die in den umliegenden Ortschaften von Greiz und Zeulenroda etablierten kleineren Manufakturen wurden zu großen Betrieben zusammengelegt. Dadurch verschlechterte sich die Lebensqualität vieler Arbeiter, indem sie Arbeitswege von bis zu 6 Stunden am Tag zurücklegen mussten. Nach und nach zogen die Arbeiter also ihrer Beschäftigung hinterher, wobei viele von ihnen gezwungen waren, ihre Kleinbauernwirtschaft auf dem Dorf aufzugeben und in dunkle, zugige Arbeiterbehausungen zu ziehen.[53]
Die Handwerkerinnungen konnten im Kampf mit den Unternehmern kaum Zugeständnisse erringen.[54] Die Arbeitsbedingungen verschlechterten sich dermaßen, dass sich die Regierung genötigt sah, Arbeitsschutzgesetze zu verabschieden.
So musste die Fabrikhallen im Winter entweder geschlossen werden können oder heizbar sein. 1867 wurde die Kinderarbeit drastisch begrenzt.[55] Kinder unter 12 Jahren durften nicht mehr ausser Haus beschäftigt werden.
Die Rezession von **1867/68** infolge des Preußisch-Österreichischen Krieges verschärfte den Konflikt zwischen Arbeitern und Unternehmern auf der einen sowie der Handwerkerinnung und der Unternehmerschaft auf der anderen Seite. Im allgemeinen Niedergang begriffen, stürmte man die Sparkassen.
Hungernde und Bettler säumten vermehrt das Straßenbild. Die Kriminalität schnellte weit über den Durchschnitt im Norddeutschen Bund empor. Diesmal hatte die Regierung dem Elend nichts entgegenzusetzen. Die Staatskassen waren nach dem verlorenen

Krieg leer. Abschlagszahlungen an den Kriegsgewinner Preußen, die Beitrittsmodalitäten zum Norddeutschen Bund, sowie allgemeine Preissteigerungen hatten alle Rücklagen verschlungen.

Es kam zu Unruhen und Gewaltaktionen wütender Bevölkerungsmassen. Der Hass der Arbeiter entlud sich auf die Unternehmer, die ihrer Meinung nach gar nichts für sie taten. Am 30.5.1867 gab es in Greiz einen tumultartigen Auflauf der Weber. Geschlossen zog man vor die Fabrikhallen des größten Betriebes, der Firma Weber und Feustel und warf die Fensterscheiben ein. Der Versuch des Mobs die Webstühle zu zerstören, scheiterte. Die Wachleute zerstreuten die Masse. Die Rädelsführer der Revolte wurden mit einigen Monaten Gefängnis bestraft.[56]

Die Lassalleeaner – Motor der Arbeiterbewegung in Reuß?
Wie noch zu sehen sein wird, war das Denken der ersten Akteure der reußischen Arbeiterbewegung „lassalleistisch[57]" bestimmt. Schon 1865 hatte sich eine Gruppe von Lassalleeanern in Erfurt etabliert und 1867 einen Kandidaten für den Bundestag des Norddeutschen Bundes aufgestellt.[58] Wann die ersten lassalleeistischen Gedanken in Reuß ä.L. auftauchten, ist unbekannt. Vermutet wird, dass es Lassalle persönlich war, der seine Gedanken in Ostthüringen bekannt machte. Viele Kleinbürger fühlten sich von seinen Ideen angesprochen. Während sich die Lassalleeaner vornehmlich in Altenburg, Zeulenroda und Greiz etablierten, setzte sich die „Eisenacher Sozialdemokratische Arbeiterpartei" in Gera, Saalfeld und Pößneck fest. Dies bedeutet nicht, dass die Eisenacher in Zeulenroda und Greiz keine Anhänger hatten, doch gelangten diese, geschwächt durch die Anfeindungen ihrer Lassalleistischen Brüder, kaum zur Aktion. So hatten die Lassalleeaner keine Schwierigkeiten, ihren Anschluss an den „Allgemeinen Deutschen Arbeiterverein" zu beschließen.

Allgemeiner Deutscher Arbeiterverein Zeulenroda schon 1869?
Die ersten bekannten Führer der Arbeiterbewegung in Reuß ä.L. waren Lassalleeaner aus Zeulenroda. Der Bedeutendste von ihnen war der Buchhandlungsangestellte **Anton Metz**. Dieser, 1851 als Sohn eines Wundarztes geboren, der ein unehelicher Honoratiorensohn war, fand in dem **Buchhändler Heym** aus Schleiz einen ausgezeichneten Lehrmeister und Mentor. Heym war ein glühender Verehrer Lassalles, der seinen Schützling sogleich in dessen Lehren unterwies. Über seinen Freund, einem Schustergesellen,

der als Arbeiterredner fungierte, kam Metz in Zeulenrodaer Arbeiterkreise. Dort verbreiteten beide das Gedankengut Lassalles. Die leidenschaftliche Agitation veranlasste die konservativen Tageszeitungen dazu, lange Serien politischer Aufsätze zu veröffentlichen, die in langatmigen historischen Darstellungen, angefangen mit den Babyloniern, die Legitimierung des *„Ancien Regime"* zu belegen suchten.[59] Die Wirkung dieser Artikelserien auf die Leser überzeugte Metz von der Notwendigkeit eines sozialdemokratischen Blattes. So initiierte er bald darauf die Zeulenrodaer Mitgliedschaft im Allgemeinen Deutschen Arbeiterverein (1869), die allerdings mehr informell als offiziell war.[60] Die erste bekannte öffentliche Versammlung unter sozialdemokratischer Federführung fand am 4. September **1869** in Zeulenroda statt. Als Redner fungierte ein Leipziger Genosse, der Schneidergeselle Zimmermann. Bedingt durch das reußische Vereinsverbot traf man sich zunächst in einschlägigen Kneipen. Die Bewegung wuchs so schnell, dass man bald in größere Zeulenrodaer Lokale mit Saal umziehen musste.

Lesevereine als politische Schulen?
Ansonsten kam man in Geselligkeitsvereinen zusammen.
Die Lassalleeaner organisierten sich im 1868 gegründeten „Leseverein", die „Eisenacher" im 1869 gegründeten „Leseclub".
Offizieller Vereinszweck dieser Clubs war die geistige Bildung durch Vorträge.[61] Wenn sie sich auch öffentlich nicht politisch betätigen durften, so stellten diese Vereine doch ein Forum dar, in dem sozialdemokratisches Gedankengut diskutiert und Interessenten mit diesem vertraut gemacht werden konnten. Auch wenn diese Vereine personell begrenzt blieben, ohne solche Clubs, die sich auch positiv auf die Bildung der Arbeiter auswirkten, wäre das politische Interesse der unteren Schichten nicht so schnell angewachsen.

**Die Wahl zum verfassungsgebenden
Gremium des Norddeutschen Bundes 1867**

1. <u>Die politische Landschaft in Reuß ä.L. vor der Wahl</u>
Als 1867 die ersten Wahlen zum verfassungsgebenden Norddeutschen „Reichstag" ausgeschrieben wurden, gab es in Reuß ä.L.
drei **politische Richtungen**:

• In der **demokratischen Strömung** waren vor allem Bürger
organisiert, die in Tradition zu den Errungenschaften der 1848er
Revolution standen. Ihr Kandidat Salzmann, ein Mitglied der
Honoratiorenschicht, suchte neben den Kleinbürgern auch die
Arbeiter auf seine Seite zu ziehen. Viele liberale Unternehmer,
Teile der Landbevölkerung, Heimwerker und Handwerksmeister
wählten damals demokratisch.

• Die **Konservative Partei**, welche den Schönfelder Rittergutsbesitzer von Kommerstädt als Kandidaten aufgestellt hatte, umfasste neben Unternehmern, den konservativen Teil der Bürgerschaft, die den 1848er Ideen ablehnend gegenüberstanden. Sie
bot ein Forum für jene, denen der rückständige und zaghafte
Regierungsstil des Fürstenhauses ein Dorn im Auge war.
Die dritte Interessengemeinschaft im Land war die partikularistisch und antipreußisch gesinnte **Fürstenpartei** des Regenten
unter ihrem Kandidaten Kriminalamtmann Schwarz. Diese Grup-
pierung fand ihren Rückhalt hauptsächlich in den Beamten, vor
allem aber in den Lobbygruppen der Rittergutsbesitzer und Großbauern. Sie bildete das Fundament der autoritären Herrschaft
Heinrichs XXII. schlechthin. Dennoch bröckelte diese Basis – wie
wir gesehen hatten – zusehends, weil die mittleren und unteren
Schichten der Landbevölkerung dem Haus Reuß zunehmend ihre
Unterstützung versagten.[62] Das ist an den Reichstagswahlergeb-
nissen der nächsten Jahre deutlich zu sehen.[63]

2. <u>Der Wahlsieg der Demokraten</u>
Im **ersten Wahlgang** waren die reußischen Demokraten haus-
hoch überlegen. Das Stimmenverhältnis zu den Konservativen lag
• in Greiz   bei 1.200:188,
• in Zeulenroda   bei   756:104,
• in der Greizer Provinz   bei   100:10 sowie
• in ausgewählten Orten des Amtes Burgk bei   263: 134.
Auf den Dörfern hatten die Vertreter der Fürstenpartei etwas besser abgeschnitten als die Konservativen, obwohl jene weit hinter

20

den Demokraten zurücklagen. Nach der Wahl zum verfassungsgebenden Gremium gab es im August desselben Jahres noch eine **Zweite Wahl**, diesmal zum regulären Reichstag. Die Greizer Konservativen hatten nicht mehr den Mut, ihren alten Kandidaten aufzustellen. Lediglich der Kandidat der Fürstenpartei trat noch einmal an. Die Zeulenrodaer Industriellen stellten einen eigenen Kandidaten, den Webereimonopolisten Schopper, auf. Der Besitzer der größten Fabrik im der Stadt hatte sich 1848 als Kommandant der Bürgerwehr nicht gerade rühmlich hervorgetan. Noch genoss er in den kleinbürgerlichen Kreisen der Handwerksmeister hohes Ansehen. Doch dieses Klientel löste sich zunehmend auf. Während Schopper in Zeulenroda 388 Stimmen und in Greiz keine erhielt, schnitten die Zeulenrodaer Demokraten nur sehr schlecht ab. Insgesamt konnten sie ihren vorigen Wahlsieg nur mit einer Mehrheit von 6 Stimmen behaupten. Die Wahlbeteiligung war um 50% gesunken. Man vermutet, dass viele Arbeiter aus Opposition gegenüber Schopper nicht zur Wahl gegangen sind.[64]

HAUPTTEIL

II.1. Besonderheiten des Reichstagswahlkampfes von 1871

Die beiden grundverschiedenen Wahlergebnisse innerhalb eines Jahres zeigen, wie instabil die politischen Verhältnisse im Fürstentum zu dieser Zeit waren. Für die politischen Gruppierungen bestanden noch keine festen Wählerstämme. Für Aufstellung und Wahl der Kandidaten waren lokale und persönliche Motive der Wähler ausschlaggebend. Politische Zweckgemeinschaften konnten über Nacht ihre Präferenz wechseln. Die politische Landschaft in Reuß war kaum organisiert und strukturiert. Das hatte den Vorteil, dass hier alles schien möglich. Das bot reichsweiten Organisationen wie den Nationalliberalen, oder den Sozialdemokraten große Chancen. Den überlegenen Strategien und Organisationsvorteilen von überregional operierenden Gruppen hatten die örtlichen Vereinigungen kaum etwas entgegenzusetzen. Sie waren nicht nur begrenzter, unbeständiger und unstrukturierter. Es fehlte ihnen – wie man heute sagen würde – in der Regel an hochgebildeten bzw. sprach- und sonstwie geschulten Polit-Spezialisten. Diese Unvorhersehbarkeit möglicher politischer Konstellationen sollte die Reichstagswahlkämpfe in Reuß älterer Linie bis 1914 prägen. Danach existierten keine Lokalparteien mehr.

II.2. <u>Die Reichstagswahl in Reuß älterer Linie von 1871</u>

Reichsweit stand dieser Wahlkampf voll und ganz im Schatten des deutschen Sieges gegen Frankreich. Die Zeitungen veröffentlichten in langen Serien jedes positive Detail des Friedensvertrages und erweckten damit die Illusion eines geeinten siegreichen und starken Deutschlands. So ist es kein Wunder, dass weite Teile der Bevölkerung in einen nationalen Freudentaumel fielen. Für viele Deutsche war dies überhaupt das erste Mal, dass sie sich für politische Ereignisse auf der Reichsebene interessierten. Dieser Umstand kam der nationalliberalen Strömung zu gute; die Sozialdemokraten verloren dagegen an Glaubwürdigkeit. Ihre unheilvollen Prognosen bezüglich des Kriegsausgangs hatten sich nicht bewahrheitet.

Zunächst war in Reuß nicht die mindeste Wahlbeteiligung auszumachen gewesen.[65] Lediglich für die letzte Dekade des Februars sind nationalliberale Wahlversammlungen bezeugt, in denen flammende patriotische Reden gehalten und die Sozialdemokraten bloßgestellt wurden. Am Wahltag prunkten alle Ortschaften in nie gesehenem Flaggenschmuck. Sogar die Armen hatten für die Friedensfeier am 4. März 1871, dem Tag nach der Wahl, Flaggen genäht und Inschriften gestaltet.

Dennoch verlief die Wahl nicht nach den Vorstellungen der reußischen Nationalliberalen. Der 1867 abgekanzelte konservative Kandidat von Kommerstädt hatte sich noch einmal an den Start gewagt und dabei 3.023 Stimmen gewonnen, während der nationalliberale Kandidat Oppenheim nur auf 2.611 Stimmen gekommen war[66]. Dieses Ergebnis war für die Erstkandidatur dieser Partei in Reuß beachtlich. Umso mehr ärgerte man sich, über den knappen Vorsprung der Konservativen, denen man im Vorfeld keine Chance gegeben hatte. Für die Fürstenpartei stimmten lediglich 3 Wähler. Ob der bürgerliche Mittelstand und die Landbevölkerung geschlossen konservativ wählten, kann nur vermutet werden. Im Gegenzug dürften Teile der Unternehmerschaft sowie der Arbeiter nationalliberal gewählt haben.[67]

Die Sozialdemokraten scheinen für eine eigene Kandidatur noch zu schwach gewesen sein. Sei es durch ihre Spaltung in Lassalleeaner und Eisenacher, oder durch den starken Mitgliederverlust, zu dem die patriotische Stimmungsmache nicht unwesentlich beigetragen haben dürfte. Eine Verbindung der reußischen Ortsgruppen zu den Zentralorganen der beiden Parteien ist vor 1871 nicht nachweisbar.

II.3. Die Arbeiterbewegung nach 1871

Nach dem kriegsbedingten lokalen und überregionalen Rückschlag der Bewegung kam es unmittelbar nach der Wahl zu vermehrten Aktionen. Angesichts des Verhaltens der deutschen Exekutive gegenüber der Pariser Kommune'[68], machte sich unter Teilen der Bevölkerung eine Distanzierung von den Reichszielen breit.

Darüber hinaus zeigte der negative Ausgang des Greizer Weberstreiks (Rädelführer wurden entlassen und landesweit nicht mehr eingestellt), dass der wirkliche Feind im eigenen Land stand.[69]

Trotz guter Konjunktur blieben die Löhne auf 5-24 Mark je Woche beschränkt, während die Mieten auf 75-90 Mark je Monat gestiegen waren[70].

Mai 1871: Gründung der Zeulenrodaer Mitgliedschaft des ADAV

Inzwischen war am 1. Mai 1871 der Zusammenschluss der Zeulenrodaer Sozialisten zu einem Arbeiterverein erfolgt, der 150 Mitglieder gezählt haben soll.[71] Die Gründung dieser ersten ADAV-Ortsgruppe in Reuß fand nach einer stark frequentierten Versammlung vor den Augen der Fabrikantenspitzel statt.

Das Vereinsverbot der Regierung wurde umgangen, indem man sich als Ortsgruppe eines ortsfremden Vereins darstellte, der Mitgliedsbeiträge an die Zentrale überwies und keine eigenen Aktionen plante. Die Zeulenrodaer Honoratioren, die mit den Greizer Eliten um die Gunst des Fürsten konkurrierten, wollten ihren schlechten Ruf, eine „widerspenstige" Stadt zu sein, endlich loswerden. Sie sannen auf Gegenmaßnahmen: Buchhändler Heym wurde angewiesen, seinen Zeulenrodaer Filialleiter Metz, den wichtigsten Organisator der Arbeiterbewegung, zu entlassen. Metz, der sich bei den letzten Wahlen zurückgehalten hatte, begann nun seinerseits die Behäbigkeit der Zeulenrodaer Bürger zu verspotten. Dies verhinderte am Ende nicht, dass sich Metz ohne festes Einkommen nicht mehr lange in der Region halten konnte und bald auf „Wanderschaft" gehen musste. Sein Weggang konnte die Entwicklung der Bewegung allerdings nicht mehr aufhalten und die Zeulenrodaer Sozialdemokraten fanden in dem Lassalleeaner **Louis Grünler**, einen fähigen Nachfolger. Von seinen ersten Aktionen wissen wir nur, dass er am 2.12.1872 den Gemeindevorstand um die Abhaltung einer Volksversammlung bat, die freilich nicht genehmigt wurde. Erst seine Petition an die Regierung war erfolgreich. Diese sah keinen Anlass gegen eine solche Veranstaltung einzuschreiten. Finanziert wurden diese Aktionen, indem man Eintrittskarten verkaufte, die zum Erwerb eines Glases Bier berechtigten.[72]

Die Sozialdemokratische Organisationen in Greiz

Auch wenn die Zeulenrodaer Bewegung auf die Ausbildung der Organisationen in der Residenzstadt stark eingewirkt haben dürfte, gab es in Greiz selbst auch eigenständige Entwicklungen. Die Gründung der Greizer Ortsgruppe des ADAV[73] 1872 initiierte weitere Versuche, Organisationen zu gründen. Der ADAV zwang die etablierten meinungsbildenden Organe zum Diskurs. Soziale Probleme wurden immer öfters von den renommierten Tagesblättern angesprochen. Die Amts- und Nachrichtenblätter berichteten nun häufiger über Arbeiterversammlungen, vornehmlich zu Lohnfragen. Im November 1872 bekannten sich einige Arbeiter offen zu den sozialdemokratischen Prinzipien der „Volkspartei."[74] Mit dem Webergesellen Christian Mäder an der Spitze hatten sich 15 Sozialdemokraten der Sozialdemokratischen Partei Hamburgs angeschlossen. Eine eigene Filiale in Greiz scheiterte, weil die sozialdemokratischen Prinzipien im Statut zu offensichtlich waren.

Ebenso erging es 26 Greizern unter **Karl Treuter**, die einen „Volksverein" gründen wollten. Ihr Vereinsziel, das unbeschränkte Selbstbestimmungsrecht der Bevölkerung, war den Behörden zu gefährlich zu erschienen. Treuter wurde später zum Führer der Greizer Parteiorganisation, nachdem seine Selbstorganisationsversuche fehlgeschlagen waren. Der Forscher Schmidt glaubt, dass die Arbeiterbewegung erst nach der Vereinsgründung in Greiz in der Lage gewesen sei, einen eigenen Reichstagskandidaten aufzustellen[75]. Um diese Zeit bildeten sich noch andere Vereine unter pragmatischen Aspekten, so ein Weberverein[76] (1873) und ein Arbeiterfortbildungsverein (1877). In diesem Verein[77] fanden im wesentlichen die bessergestellten Arbeiter zusammen. Das Bürgerrecht war für die Mitgliedschaft nämlich Voraussetzung.[78]

Die Arbeiterschicht in Greiz war, wie anderswo auch, alles andere als homogen.[79] Seit 1869 bestand bereits ein Konsumverein als Einkaufsgemeinschaft für ärmere Schichten, der im Gegensatz zu dem in Zeulenroda keine Zwistigkeiten unter der Arbeiterschaft schürte.[80]

Bei dieser Wahl stellten die Lassalleeaner mit Franz Kammigan[81] erstmals einen eigenen Kandidaten auf. Daneben kandidierten Dr. Oppenheim für die vereinten Konservativen und Hauptmann Schwarz für die Fürstenpartei. Der Wahlkampf selbst gestaltete sich für die Sozialdemokraten äusserst schwierig. Es fehlte an geschulten Rednern, die den Verleumdungen der bürgerlichen Kandidaten entgegenarbeiten konnten. Der Staat hatte gegen die Agitation in Arbeiterwahl-Komitees nichts einzuwenden.

Trotz allem wurde der erste Wahlgang für die Partei zum Erfolg. Kammigan errang von 6849 Stimmen 2654, Oppenheim 2340 und Schwarz immerhin noch 1849 Stimmen. Gegenüber 1871 hatten sich die Interessenkonstellationen wiederum verändert.

Die Konservativen stellten diesmal keinen eigenen Kandidaten auf und tendierten wahlweise zu den Nationalliberalen oder zur Fürstenpartei. Oppenheim hatte viele Arbeiterstimmen verloren.

Der große Jubel unter dem sozialdemokratischen Wahlvolk endete allerdings abrupt mit der Stichwahl zwischen Kammigan und Oppenheim, der die gesamte konservative Wählerschaft hinter sich vereinigen konnte. Sogar die Fürstenpartei empfahl schweren Herzens ihren Wählern, für den *„jüdischen"* Abgeordneten Oppenheim zu stimmen[82].

Gegen diese geballte Aktionseinheit half es der Arbeiterpartei am Ende nicht, noch einmal alle Kräfte zu mobilisieren und 603 zusätzliche Stimmen zu erringen. Die Nationalliberalen siegten mit 4195 zu 3257 Stimmen und zogen für Reuß-Greiz in den Reichstag ein. [83]

Auf Reichsebene kandidierten beide sozialdemokratische Parteien in insgesamt 180 Wahlkreisen. Das Stimmenverhältnis zwischen ADAV und SDAP hatte sich zugunsten der Eisenacher verschoben. Jede der beiden Richtungen konnte etwa die Hälfte der 371.000 auf sie abgegebenen Stimmen verbuchen. Insgesamt erhöhte sich der auf die beiden sozialdemokratischen Parteien abgegebene Stimmenanteil von 3,1% (1871) auf 6,8%.[84]

II.5. Vereinigten sich ADAV und SDAP in Greiz früher als im Reichsdurchschnitt?

Im Reichstag verfügte der ADAV über 7, die SDAP über 2 Mandate[85]. Angesichts der erdrückenden Mehrheit der bürgerlichen Parteien, sollte es nicht lange dauern, bis sich beide Gruppen wenigstens im Plenum[86] des Reichstages nach und nach zu vereinigtem Handeln entschlossen. Dass die Streitigkeiten der beiden Kontrahenten in der Öffentlichkeit kaum wahrgenommen wurden, lag wohl daran, dass die Arbeiterbewegung zu dieser Zeit noch relativ klein war.[87] Während auf Reichsebene beide Parteien erst im November 1875 zusammenfanden und ihre Organisationsstrukturen miteinander vereinigten, scheint es in Reuß ä.L., den Erinnerungen von Metz zufolge, schon 1873 zur Verständigung gekommen zu sein. Am 26. Juni 1873 fand ein erstes großes Arbeiterfest in Zeulenroda statt, das „Arbeiterverbrüderungsfest" genannt wurde. Damit hätte es schon 2 Jahre vor dem offiziellen Termin an der reußischen Basis eine Vereinigung gegeben.[88]

Querfeld, ein Kenner des lokalen Vereinslebens, hält die Aussagen von Metz für gewagt, zumal zumindest über die Greizer Gruppen 1878 gesagt wird, sie seien seit 3 Jahren aufgelöst gewesen.[89]

Im Wahlkampf von 1877 zumindest störte es die ehemaligen Lassalleeaner in Reuß-Greiz nicht, dass ihr Reichstagskandidat Wilhelm Blos ursprünglich der SDAP entstammte.

II.6. Arbeiterzeitungen in Reuß ä.L. in den 1870er Jahren

Die Entwicklung der Arbeiterbewegung kann nie getrennt von der Ausbildung einer sozialdemokratischen Presse betrachtet werden. Beide Systeme bedingten sich gegenseitig. Einerseits waren die Parteifunktionäre gleichzeitig auch Redakteure[90] oder Verleger des entsprechenden Blattes. Andererseits fungierte die Presse, die sich den Parteizielen strikt unterzuordnen hatte, als eine Art geistiges Bindemittel der Mitglieder. In einem Fall fungierte sie als Plattform, auf der interne Probleme erörtert werden konnten.

Zum Anderen stellte sie gegenüber der einschlägig informellen und stellenweise plakativen bürgerlichen Presse ein alternatives Informationsangebot dar. Eine lokale Parteiorganisation stieg und fiel mit ihrer Presse. Es war keine Seltenheit, dass sich eine Mitgliedschaft verlief, weil sie entweder über keine oder nur über eine schlechte Presse verfügte. Seit der Reichsgründung war das Interesse der unteren Bevölkerungsschichten an den Medien, spürbar gestiegen.[91] Die Parteifunktionäre wollten nicht, dass die Arbeiter gezwungen waren, aus dem Mangel heraus, bürgerliche Zeitungen lesen zu müssen, damit sie nicht deren Argumentation erliegen sollten. Der Aufschwung der sozialdemokratischen Bewegung im Deutschen Reich ab den 1870er Jahren kann also ohne die Arbeiterpresse nicht erklärt werden. Inwieweit trifft das auch auf Reuß ä.L. zu?

Die ersten Parteiblätter
Bedingt durch die Kleinstaatlichkeit Thüringens, war eine lokale Arbeiterpresse zwischen Saale und Elster ebenso notwendig wie problematisch. In den reußischen Ländern füllte diese Lücke zunächst der sozialdemokratisch angehauchte „Crimmitschauer Bürger und Bauernfreund" aus, der seit 1867 illegal eingeführt, ab 1870 auch offiziell gelesen werden durfte.[92] Die ersten lokalen Tageszeitungen waren der Geraer „Volksfreund" (1873) und der „Thüringer Volksbote" aus dem Herzogtum Sachsen-Weimar-Eisenach. Während der zweimal wöchentlich erscheinende „Volksfreund", der immerhin 400 Abonnenten erreichte, nach nur 9 Monaten wieder einging, avancierte der „Volksbote" bald zur meistgelesenen Zeitung in thüringischen Arbeiterkreisen.[93]

Die Sozialdemokratische Presse Zeulenrodas
Um 1870 herum wurde in Zeulenroda zunächst der Berliner „Agitator" gelesen. Mit dessen Vertrieb dürfte Anton Metz kaum zufrieden gewesen sein. Die 40 Abonnenten verliefen die sich nach seiner Auswanderung rasch wieder. Der neue Parteivorstand favorisierte von nun an das lassalleistische Blatt „Der Sozialdemokrat". Das Parteiblatt der „Eisenacher" namens „Der Volksstaat" wurde in Zeulenroda nicht gelesen, was den geringen Einfluss der SDAP in Reuß ä.L. Bestätigt. Die überregionalen Blätter eigneten sich wenig als lokale Plattform. Das scheint die neue Parteileitung dazu bewogen zu haben, Anton Metz aus Leipzig zurückzuholen und ihn mit der Schaffung einer Lokalpresse zu beauftragen. Diese Angaben von Metz stehen im Widerspruch zu der allgemeinen Auffassung, die von einer sozialdemokratischen Presse vor 1878 nichts weiss. Schmidt vermutet, das Blatt müsse bald darauf wieder eingegangen sein.
Bestimmte Hinweise darauf liefert uns Metz selbst.
Nach seiner Darstellung stand die Zeitung von Anfang an unter einem ungünstigen Stern. Die Planung sei schlecht, die Genossen übereifrig gewesen. Es fehlte an Grundkapital und Marktmöglichkeiten.[94] Insbesondere kam es ständig zu Terminproblemen, der „Einmanndruckerei" Vogel aus Schleiz, deren Geschäftsführer sich lieber am Wirtshausstammtisch, als an der Druckpresse aufgehalten haben soll.
Später wurde das Blatt für 60 Mark an den Amtsdruckereibesitzer Louis Anton verkauft, der es als konservatives „Zeulenrodaer Tageblatt" weiterführte.[95]

Die „Reußische Freie Presse"

Das erste regionale sozialdemokratische Organ in Greiz war die am 1. April 1878 erstmals erschienene „Reußische Freie Presse". Redakteur und Verleger war der sonst nicht weiter in Erscheinung tretende Greizer Bürger August Nagler. Das Blatt bestand nur ein Vierteljahr und wurde am 1. Juni 1878 mit der in Gera neugegründeten „Reußische(n) Volkszeitung" vereinigt, welche konzeptionell als Organ für beide reußische Staaten gedacht war.

Im Lokalteil konnten sich die Leser zu wichtigen Problemen äussern und kamen so in Dialog miteinander bzw. mit den Zeitungsmachern. Daneben war das Blatt des Zentralorgans, der „Vorwärts", in Reuß weit verbreitet.[96]

II.7. Das erste sozialdemokratische Reichstagsmandat in Reuß

Im Vorfeld der Reichstagswahlen von 1877 hatten Gründerzeit, Börsencrash und Rezession zu veränderten Verhältnissen in Politik, Wirtschaft und Sozialbereich geführt. Enttäuschung und Zukunftsangst hatten breite Wählerschicht für sozialdemokratisches Gedankengut sensibilisiert.

Ausgangssituation für Sozialdemokraten und Nationalliberale

Die reußischen Sozialdemokraten hatten aus ihrer Niederlage bei der letzten Wahl gelernt und organisatorische wie agitatorische Schwachstellen ausgeräumt. Die eifrigsten Genossen hatten sich über Jahre hinweg abends zusammengesetzt und gemeinsam die literarischen Erzeugnisse der Bewegung gelesen und diskutiert.

Die Leseclubs hatten viel dazu beigetragen, dass nun eine breitere Basis verhältnismäßig gut geschulter Arbeiter vorhanden war, die nicht mehr so leicht den Wahlslogans der Konservativen verfielen. Die Führer der reußischen Bewegung Louis Grünler, Karl Pfüller und Franz Reichelt entstammten vornehmlich dem Strumpfwirkermilieu ebenda. Manche von ihnen hatten den sozialen Wandel vom Heimweber-Alleinmeister zum Fabrikarbeiter mitmachen müssen.[97]

Die zentrale Parteileitung hatte das Fürstentum Reuß ä.L. neben 39 anderen Wahlkreisen für „offiziell" erklärt, dass heisst, man rechnete sich gute Chancen für die Reichstagswahl aus. Der Parteikongress übertrug dem Redakteur des Hamburg-Altonaer Volksblattes **Wilhelm Blos**[98] die Kandidatur für das Fürstentum[99].

Anders war es bei den Nationalliberalen. Der großen Begeisterung für das neugegründete Reich von 1871, folgte infolge des Gründerkrachs ein schlimmer Katzenjammer. Im Gegensatz zu den Arbeitern, die an die Unsicherheiten ihrer Existenz mehr oder minder gewöhnt waren, hatte die Rezession diesmal besonders vielen Bürgerlichen zu schaffen gemacht. Manche von ihnen hatten ihre Investitionen, oft auch ihre finanziellen Rücklagen, verloren und beschimpften nun jene, die den national-liberalen Parolen – wonach eine Öffnung bzw. Liberalisierung der Märkte Wohlstand für Alle brächte – zu bereitwillig gefolgt waren.[100] Besonders die Vertreter aus gewissen Kreisen des Großbürgertums, welche den Börsenwahn, geschürt haben sollen, wurden vehement angegriffen. Die konservative Wahlleitung für Reuß ä.L. griff die nationalliberalen Kandidaten scharf an,[101] konnte aber selbst keinen Ausweg aus der Krise weisen.[102] Dagegen verdichteten sich die Aussagen der sozialdemokratischen Agitatoren zu der Feststellung: *„An diesem System ist alles faul und nichts mehr zu retten.“*

Der Wahlkampf von 1877

Der Wahlkampf der bürgerlichen Parteien beschränkte sich lediglich darauf, den sozialdemokratischen Kandidaten Wilhelm Blos zu kompromittieren bzw. die Arbeiter durch eine plötzliche Wohltätigkeitswelle von den Sozialdemokraten fernzuhalten. Die Weber nahmen die gespendeten Lebensmittel und Kleider gern an, wählten aber dann doch vornehmlich sozialdemokratisch. Dieser Erfolg kam nicht von allein, sondern war das Ergebnis einer langen Agitationskampagne der Sozialdemokratie. Es war überaus schwer, die Weber politisch zu interessieren. Ihr Lebensstandard war so niedrig, dass viele von ihnen Mühe hatten, überhaupt zu überleben. Mit Wochenlöhnen von 6–14 Mark konnten sie sich weder ein Zeitungsabonnement, geschweige denn Mitgliedsbeiträge leisten. Der erstmals umfassend organisierte Flugschriftenverkehr der Arbeiterorganisation fiel hier auf fruchtbaren Boden. Blos erschloss in einer beispiellosen Wahltour durch die Täler und Einöden an der oberen Saale, Wählerschichten, die, wenn überhaupt, höchstens die Fürstenpartei als politische Strömung kannten.

Die Polizei behinderte die Aktionen der Arbeiterwahlkomitees im gewohnten Maße, indem sie, etwa auf einer Wahlversammlung im Dorf Fraureuth einen, aus dem sächsischen Nachbarort kommenden, Versammlungsleiter ausschloss, nur weil er „Ausländer“ war. Blos hatte nicht nur Rückhalt bei den unteren Schichten. Er wurde auch von der wohlhabenden Familie Treuter aus Greiz offen unterstützt.[103]

Der Abend vor der Wahl

Am Vorabend der Wahl fanden in Greiz 3 wichtige Wahlversammlungen statt. Auf einer sprach der nationalliberale Kandidat Dr. Oppenheim, auf der anderen Wilhelm Blos und auf der dritten – etwas exklusiveren – seine Durchlaucht, der Fürst höchstpersönlich.[104] Nach dem Ende seiner Veranstaltung ging Blos hinüber zu Oppenheim. Der schilderte gerade die Gräuel der Pariser Kommune und prophezeite, dass Greiz ebenso im Chaos versinken werde, wenn die Sozialdemokraten an die Macht kämen. Dieser Ausfall bot Blos eine willkommene Gelegenheit, die Sache historisch ins rechte Licht zu rücken. Damit war sich Blos des Mitleides der Teilnehmer für die unglückliche Bevölkerung der Seine-Metropole gewiss. Am Ende seiner Rede verriet er den Anwesenden sogar einige, für Oppenheim unangenehme Details aus dessen Vergangenheit, nämlich als Funktionär der 1848er Revolution. Damit war das Bild, des reichstreuen und ordnungsliebenden Mannes, dass Oppenheim so gerne von sich zeichnete, angeschlagen.[105]

Auch Heinrich XXII. ließ es sich nicht nehmen, am Vorabend der Wahl zu seinem Wahlvolk zu sprechen, indem er im Treppenhaus des unteren Schlosses zu Greiz seinen Hofstaat mitsamt der Dienerschaft versammelte und sie mit den Worten instruierte:[106]

„Drei Kandidaten haben wir, und von diesen ist mir der Konservative, der auch die Spezialinteressen unseres Landes vertritt, natürlich der Liebste. Der Nationalliberale Kandidat will das Land in den Besitz Preußens überführen, und ich hoffe, daß ihm niemand wählen wird, der seiner angestammten Dynastie nicht den historischen Rechtsboden unterhöhlen will. Da ist auch noch ein Sozialdemokrat. Ich wünsche dessen Wahl natürlich nicht. Aber wenn ihn jemand wählen will, so werde ich es ihm nicht nachtragen.[107]"

Sozialdemokratischer Erdrutschsieg in Reuß ä.L.

Inwieweit sich die schlechten Prognosen für die Nationalliberalen auf Landesebene bestätigten, wissen wir nicht. Es liegen keine genauen Zahlen vor. Von den bei der Wahl abgegebenen 7.906 Stimmen, waren 4.051 auf Wilhelm Blos entfallen, der nun mit 28 Jahren, als jüngster Abgeordneter, sowie mit absoluter Mehrheit, als erster sozialdemokratischer Kandidat seines Wahlkreises in den deutschen Reichstag einziehen konnte. Niemals wieder sollte die Sozialdemokratie in Reuß ä.L. einen so hohen regionalen Mandatsanteil erlangen.

Mit 51,2% der Stimmen war Reuß ä.L. das erste Land im Reich, in dem die Sozialdemokraten absolute Mehrheit erlangten. Mit diesem Sieg waren nun sozialdemokratische Abgeordnete aus drei Ländern (Preußen, Sachsen und Reuß ä.L.) im Reichstag vertreten. Diese Ergebnisse sind umso verwunderlicher, weil sie in keiner Beziehung zu den Verhältnissen im Reußischen Landtag, also auf der Regionalebene stehen. Bereits am Wahltag war Blos zurück nach Hamburg gefahren. Er musste sich weiter seiner Redaktionstätigkeit widmen, denn ein Reichstagsmandat war damals noch ein Ehrenamt, dass lediglich zu freier Zugfahrt legitimierte. Die Diäten der Partei für ihre Abgeordneten beliefen sich auf 3 Mark täglich, der Wahlkampf in Reuß ä.L. hatte insgesamt etwa 600 Mark gekostet.[108]

Mögliche Hintergründe der Entwicklung

Wie konnte es geschehen, dass das politisch rückständige Reuß ä.L. in sozialdemokratischer Hinsicht auf Reichstagsebene neben den Schwergewichten Preußen und Sachsen auftreten konnte?
Wir haben bereits die wesentlichsten Strukturmerkmale betrachtet, die diese scheinbar konträren Entwicklungen bedingt haben:

- den erhöhten Organisationsgrad der Arbeiter in ihren Siedlungen,
- die Nähe zu den Ballungszentren Westsachsens bzw.
- der hohe Anteil an Fabrikarbeitern.

Dennoch möchten wir ein wesentliches Element gesondert hervorheben: Bei den Reichstagswahlen in Preußen beispielsweise besaß der Arbeiterwahlbezirk Wedding mit 50.000 Wählern das gleiche stimmenmäßige Gewicht wie etwa das flache Land um den Landkreis Kolberg in Hinterpommern mit weniger als 5.000 Wählern.
Die Verzehrung der Relationen zugunsten der zumeist konservativer eingestellten Landbevölkerung ist hier unverkennbar.
Das war bewusst so gemacht und änderte sich bis zum Ende des alten Parlamentarismus im Ersten Weltkrieges auch nicht mehr. In den thüringischen Staaten hingegen funktionierte diese parlamentarische Bremse weniger: In Reuß ä.L. gab es insgesamt nur 3 Wahlbezirke, 2 städtische und einen unbedeutenderen ländlichen. In einem so kleinen überwiegend städtisch geprägten Land, wie Reuß ä.L., konnte sich das politische Übergewicht einer großen Zahl von dünnbesiedelten Landkreisen gegenüber den Städten, wo die Mehrheit der Bevölkerung lebte, nicht durchsetzen.
Bei den früheren Reichs- und Bundeswahlen waren die unteren

Schichten zunächst noch unterrepräsentiert. Viele Arbeiter waren noch nicht nach Greiz oder Zeulenroda zugezogen. Andere fanden sich in der noch fremden städtischen Umgebung schwer zurecht. Nicht alle besaßen schon das Bürgerrecht. Dieser Zustand änderte sich, als einschlägige Vereine, die oft unter der Obhut von Sozialdemokraten standen, Gelder zum [per Reichsgesetz inzwischen vereinfachten] Erwerb der Bürgerschaft sammelten, die damals um die 20 Mark kostete.[109]

Die Möglichkeit dass breite Wählerschichten ihre Wahlchancen auf Reichsebene ergriffen, um ein regionales politisches System abzustrafen, dass den Wenigsten vor Ort Einflussmöglichkeiten bot, ist dennoch zu bedenken. Wir werden auch später noch sehen, dass vornehmlich Teile der Greizer Industriellen und Großhändler immer dann sozialdemokratisch wählten, wenn der Fürst ihre Expansion behinderte, oder sie sich durch die Zollpolitik der Nationalliberalen in ihren Geschäften bedroht sahen.

Die neuen Konstellationen im Reichstag

Im Reichstag waren die Nationalliberalen trotz ihres sich verschlechternden Rufes auf 127 Mandate gekommen. Diese Wahl zählte zu ihren größten Erfolgen, obwohl sich das Blatt bald wenden sollte. Im Gegenzug errang

- die Zentrumspartei 95,
- die Fortschrittspartei 35,
- die Sozialdemokratie 12 (9+3) und
- die nationalliberale-schutzzöll´sche Gruppe 9 Mandate.

Die restlichen Mandate verteilten sich auf die elsässische und polnische Minderheit im Reich. Die sozialdemokratische Partei erhielt 493.447 Stimmen und erhöhte damit ihren Anteil gegenüber 1874 um die Hälfte, auf 9,1% der Wählerstimmen.[110]

II.8. Sozialdemokraten unter dem Sozialistengesetz

Im Frühjahr 1877 fanden in Greiz und Zeulenroda große Siegesfeste der Sozialdemokraten statt. Begierig lauschte man den Worten Wilhelm Blos´, der in Versammlungen über seine Reichstagstätigkeit Rechenschaft ablegte. Doch lange sollte die Euphorie nicht währen. Der Aufschwung der Sozialdemokratie bei den Wahlen von 1877 hatte unter den Etablierten zu panischem Schrecken geführt. Einer geplanten Unterdrückung standen zunächst noch weite bürgerliche Kreise ablehnend gegenüber.[111]

Erst der Attentatsversuch eines gewissen Hödels, der zuvor bei den Sozialdemokraten in Leipzig abgeblitzt war, auf den deutschen Kaiser am 11. Mai 1878 bot dem Reichskanzler Otto von Bismarck die lang ersehnte Gelegenheit, die Sozialdemokraten zu Staatsfeinden zu erklären, indem er sie mit den Attentaten in Verbindung brachte. Dies führte zu einem Ausnahmegesetz. Der Reichstag wurde aufgelöst, Neuwahlen für den 30. Juli 1878 ausgeschrieben, allerdings mit dem Hintergedanken den Sozialdemokraten, von denen jeder einzelne plötzlich ein potentieller Attentäter war, die Beteiligung daran unmöglich zu machen. [112]

Die Reichstagswahl von 1878
Während im Fürstentum Reuß ä.L. für die Sozialdemokraten wieder Wilhelm Blos kandierte, hatten sich die Konservativen[113] angesichts ihrer letzten Niederlage diesmal auf einen gemeinsamen Kandidaten, den Brauereidirektor Anton Mertz geeinigt, der sein Votum für die Ausnahmegesetze zum Angelpunkt seines Wahlkampfes machte. Den Arbeitern suchte er seine Ansichten mit großen Mengen von Freibier schmackhaft zu machen, dass zwar gern getrunken wurde, die Köpfe der Wähler aber nicht vernebeln sollte.

1. Der Wahlkampf 1878
Der sozialdemokratische Wahlkampf im Land gegen die geschlossene Einheit aller konservativen Kräfte wurde zu einer wahren Tortur. Die Gegenkandidaten versuchten, die Genossen zu majestätsbeleidigenden Aussagen zu provozieren.[114] Die allgegenwärtige Polizei war besonders wachsam. Viele Pastoren ließen es sich nicht nehmen, von den sonntäglichen Kanzeln herab gegen die Sozialdemokraten zu wettern. Der Versuch der Parteifunktionäre, ihre Bewegung bis in die benachbarte ehemalige Residenzstadt der jüngeren Linie Schleiz auszudehnen, scheiterte kläglich. Von einer dortigen Wahlversammlung am 14. Juli 1878 hieß es, dass der Bürgermeister damit drohte, die Versammlung aufzulösen, wenn der Versammlungsleiter nicht stadtbekannt wäre. Danach musste „Die Wacht am Rhein" gesungen werden. Die sozialdemokratischen Veranstalter kamen nicht zum Zug, weil der Versammlung durch den Auftritt des bürgerlich-demokratischen Kandidaten Jünger für Reuß j. L. ein links-konservatives Gepräge gegeben wurde.

Von einer Wahlversammlung in Zeulenroda ist noch mehr bekannt: Am Beginn der Veranstaltung rief der stets anwesende Gendarm alle Frauen und Minderjährigen (unter 25 Jahren!) dazu auf, den Saal zu räumen. Danach begann Blos seine Agitation mit der Frage, ob er zur Steuerfrage reden dürfe, weil eine Versammlung zum gleichen Thema schon einmal aufgelöst worden war. Als dies bejaht wurde, stellte Blos zunächst verschiedene Diffamierungen seiner Person und Partei richtig, die der Eigner der Volkszeitung Anton im Vorfeld verbreitet hatte. Der anwesende Anton widersprach und es kam zu einem Disput, in dem der Verleger seine These von einer von geheimnisvollen Mächten kommandierten sozialdemokratischen Revolutionsarmee damit erhärten wollte, indem er hoffte, Blos eine Majestätsbeleidigung zu entlocken.
Er fragte, was denn damit gemeint sei, dass Zeulenroda schon unter der roten Fahne marschiere und ob eine Partei wie die der Sozialdemokraten überhaupt treu zu Kaiser und Reich stehen könne. Blos entgegnete darauf ruhig, Mertz solle die Antworten dem Parteiprogramm entnehmen. Diese Antwort genügte wiederum dem Gendarmeriewachtmeister Schmidt nicht, der damit drohte, die Veranstaltung zu schließen, wenn nicht richtig geantwortet würde. Blos ließ es nicht darauf ankommen und die Versammlung wurde aufgelöst.
Eine weitere Versammlung wurde abgebrochen, weil Blos gesagt hatte, die ganze Hetze diene nur dazu, einen neuen Reichstag zustande zu bringen, der bereit sei, Bismarcks Forderung nach 300 Millionen Mark aus neuen Zöllen und Steuern zu erfüllen.[115]
Eine Beschwerde beim Landratsamt blieb folgenlos.

2. Die sozialdemokratische Niederlage bei der Wahl von 1878
Das Ergebnis der Reichstagswahlen kam letztendlich den Ambitionen der Etablierten entgegen: Von den 7.395 in Reuß ä.L. abgegebenen Stimmen erhielten Mertz 4.312, Blos nur, aber immerhin 3.100 Stimmen. Das Reichstagsmandat ging für die reußische Sozialdemokratie wieder verloren. Begleitet war die Niederlage von einer niedrigen Wahlbeteiligung. Von 1643 stimmberechtigten Zeulenrodaern waren lediglich 1.100 zur Wahl gegangen.[116]
Auch auf Reichsebene hatte die Sozialdemokratie deutliche Verluste erlitten. Immerhin hatte sie, trotz der schwierigen Wahlkampfbedingungen, nicht mehr als 60.000 Stimmen eingebüßt, dafür aber ganze 3 Mandate verloren. Der Stimmenanteil der Partei ging von 9,3 auf 7,6% zurück.[117]

Die Rolle Heinrichs XXII. bei der Annahme
der Sozialistengesetze im Deutschen Bundesrat

Ausgerechnet der Fürst eines politisch rückständigen Zwergstaates, welcher nachweislich kein Freund der Arbeiterbewegung war, sollte dem großen Bismarck bei der Annahme der Gesetzesvorlage im Bundesrat die Suppe gehörig versalzen. Im Vorfeld hatte der Reichskanzler die Mitglieder des Gremiums versammelt und sich erkundigt, ob jemand gegen die Vorlage stimmen würde. Nachdem keine Gegenstimme erfolgt war, verkündete er noch vor der eigentlichen Abstimmung öffentlich, die Sozialistengesetze würden vom Bundesrat angenommen werden. Allerdings hatte Bruno von Geldern-Crispendorf, der enge Berater Heinrichs XXII., als Abgesandter von Reuß ä.L. den unangenehmen Auftrag erhalten, gegen die Gesetzesvorlage zu stimmen.[118] So votierte er in der Plenarsitzung als einziger gegen die Sozialistengesetze mit der merkwürdigen Begründung, das Gesetz werde sich als unwirksam erweisen, zumal die Bekämpfung der Sozialdemokratie nur durch die Beförderung einer wahren Religiosität in allen Klassen möglich sei. Mit dieser Nein-Stimme fühlte sich der Reichskanzler brüskiert. Die Abgeordneten verließen geschlossen und brüskiert den Saal und ließen den reußischen Abgeordneten allein zurück. Anschließend ließ sich Bismarck aufs Schärfste gegen die Torheit Heinrichs XXII. in dieser Sache aus, der in seinem Hass nicht einmal vor dem Leben des greisen Kaisers einlenke.[119]

Die Zeitungen nahmen diesen Vorfall dankbar auf und machten aus der stellenweise skurrilen Politik des Fürsten – wie man heute sagen würde – einen „Running Gag", der sich lange hinzog.

Die diplomatischen Beziehungen zwischen Preußen und Reuß ä.L. wurden abgebrochen, der preußische Diplomat am Greizer Hof angewiesen, sein Entlassungsschreiben einzureichen. Diese Krise dauerte bis 1892 an.[120] In der Zwischenzeit hinderte Reuß ä.L. im Bundesrat auch andere Gesetzesvorlagen, wenn diese von Preußen initiiert worden waren, oder im Verdacht standen, die Souveränität der Reichsstaaten zu beschneiden. Dabei war es gleichgültig, ob die Gesetze für die Allgemeinheit nützlich waren oder nicht. Selbst eine Gesetzesvorlage zum Schutz bedrohter Vogelarten wurde vom Fürsten aus demselben Grund hintertrieben[121].

Am Ende wundert es nicht, dass die Sozialistengesetze ausgerechnet in Reuß ä.L., dem einzigen Land, das dagegen gestimmt hatte, aufs schärfste ihre Anwendung fanden.[122]

Auflösung sozialdemokratischer Zeitungen und Vereine nach dem Sozialistengesetz

Mit der Annahme der Sozialistengesetze am 26. Oktober 1878 hörten alle sozialdemokratischen Organisationen auf zu bestehen. Die zentralen Parteiorgane gaben ihre Auflösung bekannt. Die Genossen wurden dazu aufgerufen, Ruhe zu bewahren, die Verfolgten zu unterstützen und Geld zu spenden. Alle noch bestehenden Ortsvereine sollten aufgelöst werden.[123]

Die Sozialistengesetze wirkten auf die junge Sozialdemokratie in den thüringischen Staaten sehr unterschiedlich: Während die Bewegung zwischen 1878 und 1882 beinahe ganz aus Mittel- und Südthüringen verschwand, die örtliche Führerschaft sich aus Industriestädten wie Apolda und Gotha gänzlich zurückzog[124], konnten die Verbote in Reuß ä.L. zu keiner Zeit die Bewegung stoppen. [125]Greiz und Zeulenroda blieben rote Hochburgen, den polizeilichen Maßnahmen zum Trotz. Zunächst wurden die bekannten Funktionäre amtlich vernommen. Karl Treuter gestand, dass der Greizer Verein lediglich als Filiale des Hamburger Arbeitervereins geführt worden sei. Demnach hätte es auch keinen Vorstand gegeben, die Geschäftsführung sei auswärtigen Agenten überlassen worden. Mit dem Verbot sei der Verein weisungsgemäß aufgelöst worden. **Franz Daßler** sagte für Zeulenroda ähnliches aus. Man hätte nur unzusammenhängende Versammlungen unter wechselnderFederführungabgehalten.[126] Dass die Beamten diese Aussagen glaubten, zeigt wie sehr die Behörden bezüglich der Organisations-Struktur im Dunkeln tappten.

Das Verbot der sozialdemokratischen Presse in Reuß

Schärfer hingegen wurde das Presseverbot kontrolliert. Beide Reußischen Staaten wandten das Ausnahmegesetz sofort und rigoros an. Die „Reußische Volkszeitung wurde bereits am 8. November 1878 verboten[127]. Wie sehr die Behörden danach trachteten, solchen Blättern, ein für allemal den Boden zu entziehen, wird aus der Verbotsbegründung deutlich: Nachdem die Zeitung im Vorfeld erklärte, alle Inhalte vermeiden zu wollen, die zur Konfrontation führten[128], sahen die Behörden gerade in dieser Äußerung ein Eingeständnis sozialdemokratischer und somit verbotener Aktivitäten.[129] Die Lücke in der sozialdemokratischen Agitation wurden bald durch den Bezug auswärtiger Zeitungen und stellenweise raffiniert getarnter Flugschriften ausgefüllt. In Reuß weit verbreitet war der seit 1879 in Zürich gedruckte „Sozialdemokrat" sowie ein zunehmend anarchischer[130] werdendes Blatt, die sogenannte „Freiheit"[131], dessen Herausgeber Most 1880 aus der Partei ausgeschlossen wurde.[132]

Die große Stärke des „Sozialdemokrat(en)" waren lokale Kurznachrichten und Leserbriefe. In letzteren haben sich viele Bruchstücke, der Wahrnehmung des Verbotes durch die Parteibasis erhalten[133]. Dies zeigt, dass der „Sozialdemokrat" nicht nur gelesen wurde, sondern mit seinen Abnehmern in enger Korrespondenz gestanden hat. Es verdeutlicht das Streben der Arbeiterschaft an der Gestaltung ihrer Zeitung mitzuwirken. [134]

1880 wurde der Geraer Genosse Moritz Trentzsch wegen der illegalen Verbreitung des Blattes zu 2 Monaten Haft verurteilt. Die Verteidigung übernahm der Leipziger „Staranwalt" Otto Freytag[135]. Seine Revision blieb erfolglos, sein Mandant floh Ende 1882 in die USA.[136] Um den Bezug des „Sozialdemokrat," dessen Einzelbesitz gesetzlich erlaubt war, zu unterbinden, startete das Greizer Landratsamt verschiedene Aktionen:

Der Zeulenrodaer Postmeister wurde angewiesen, die Post der einschlägig bekannten Oppositionellen zu überprüfen, was ihm aber durch Deck- und Ausweichadressen erschwert wurde. So musste man am Ende zur bewährten Methode der Hausdurchsuchung greifen. Bei dem Zeulenrodaer Sozialdemokraten **Otto Haberkorn** wurde man endlich fündig. Neben wenigen, hinter einem Spiegel versteckten Blättern, fand man noch eine Sammelliste für den Greizer Weberstreik. Gegen Haberkorn, der lediglich gestand, 2 Zeitungen aus Köln und Mainz ungewollt zugesandt und ein weiteres Exemplar im nahen, aber „ausländi-schen„ Dorf Göttengrün von einem „mysteriösen Unbekannten" zugesteckt bekommen zu haben, hatte man am Ende keine Hand-habe.[137]

Die thüringische Kleinstaaterei wurde beim illegalen Zeitungsvertrieb zum Segen der Sozialdemokratie. [138] Es gab viele Enklaven und Gebietszipfel benachbarter Territorien, durch welche die Zeitungen hin und hergeschoben werden konnten, je nachdem aus welcher Richtung gerade die Gefahr drohte.

Die Behörden versuchten die Köpfe des Zeitungswesens und die Redakteure mit oft an den Haaren herbeigezogenen Anschuldigungen (Verunglimpfung von Monarchie und Religion) auszuschalten[139]. Dem versuchte die Bewegung mit sogenannten Sitzredakteuren entgegenzuwirken. Das waren Leute, die lediglich nach aussen hin als Redakteure fungierten und von den wahren Machern ablenken sollten.[140] In Reuß konnten sie bisher nicht nachgewiesen werden. Dagegen verstieg man sich hier darauf, einschlägige Flugblätter mit den Zeitungsköpfen der konservativen Tageszeitungen zu drucken.[141] Auch in den Reußischen Staaten sollte sich die Prophezeiung August Bebels bewahrheiten, dass das Verbot der Sozialdemokratie nicht zum Ende der Bewegung führe, sondern zum Quell seiner Erstarkung werde. Diese Erfolge waren nicht zuletzt dem Zentralorgan „Der Sozialdemokrat" zu verdanken, der weitverbreitet als sichtbares Symbol der Lebenskraft der Arbeiterbewegung galt.[142]

Die Landtagswahl von 1878

Dennoch liebäugelten nicht wenige Genossen mit Ideen der bürgerlich-demokratischen Parteien. Dies kam auch bei den Landtagswahlen 1878 zum Ausdruck. Den alten Landtag hatte Heinrich XXII. im Vorfeld aufgelöst, weil die nationalliberal beeinflussten Abgeordneten den Regierungsvorschlag für das Ländchen ein selbständiges Landgericht zu schaffen, abgelehnt hatten.

Inzwischen hatte sich der Modus für die Bestellung der Landtagsabgeordneten verändert. Die Bevölkerung konnte über zumeist konservative Wahlmänner einen indirekten Einfluss nehmen.

Diese Neuerung trug zwar nicht den Interessen der unteren Bevölkerungsteile Rechnung, wohl aber denen der Eliten. Um ihr Ziel zu erreichen, versprach die Regierung den Zeulenrodaer Gewerbetreibenden, den von ihnen schon lange postulierten Eisenbahnanschluss endlich voranzutreiben, wenn man dafür keine linksliberalen Kandidaten wählte und hatte damit Erfolg.

Es existierten je eine liberale und eine konservative Wahlliste. Die Arbeiterschaft spaltete sich ebenfalls in zwei Teile. Während die einen in einer dritten Wahlliste versuchten, einen Sozialdemokraten aufzustellen, setzten die anderen ihren Kandidaten auf die Liste der konservativen Fürstenpartei. Hämisch quittierten die Etablierten diese Entzweiung der Arbeiterschaft in ihren Tageblättern.[143]

Sozialdemokratischer Alltag während der Verbotszeit

Ungeachtet des Verbots, trafen sich die Greizer und Zeulenrodaer Sozialdemokraten auch weiterhin als harmlose Biergäste in ihren – wie man heute sagen würde – „Szenelokalen". Geschichten über das Hintergehen von Polizeispitzeln aus diesen Tagen sind Legion: Trotz allen Ernstes der damaligen Situation tragen die Aktionen der Arbeiterschaft gegen die Obrigkeit mehr den Charakter von „Streichen", als von staatsfeindlichen Aktionen.

Zudem waren sich die Behörden, wegen des „Kleingeistes" der Anordnungen und der menschlichen Schwächen der ausführenden Beamten bei der Verfolgung selbst im Weg. Die Arbeit der Spione wurde dahingehend erschwert, dass sie einerseits nicht wussten, wo und wann man sich genau traf, sowie andererseits Mühe hatten, inmitten der gegenseitig gut bekannten Proletarier nicht aufzufallen. Auch die Vereinstätigkeit wurde unter Tarnorganisationen wieder aufgenommen. So gründete man in Greiz einen Fassbinderorden, der später die „Waldvöglein" hieß. Daneben existierten – wie in den 1870er Jahren – die Lese- und Gesangsvereine weiterhin als Anlaufpunkte für die Arbeiterschaft.

Die lang ersehnte Gelegenheit eines Treffens aller Reußischen Sozialdemokraten bot das Begräbnis des ehemaligen Lassalleeaners **Libor Grünler**, einem der Mitbegründer der Bewegung im Jahr 1881. Alles was in der lokalen Bewegung Rang und Namen hatte, waren anwesend. Die mitgebrachten Totenkränze waren mit roten Schleifen geschmückt, was die Gendarmerie des tiefreligiösen Landesvaters nicht davon abhielt, diese aus den Kränzen zu reissen. Offiziell wurde es nun verboten, rote Schleifen in Kränze zu flechten. Diese Versammlungen an den Gräbern verstorbener Genossen wurden weiterhin beibehalten. Sie dienten als Bindemittel der Bewegung. Die Polizei hingegen war auch weiterhin aktiv damit beschäftigt, die roten Schleifen teilweise aus dem Leichenzügen heraus zu beschlagnahmen.[144]

Die Reichstagswahl von 1881

Trotz aller Verfolgungen[145] war den Genossen eine wichtige Waffe geblieben: das geheime Wahlrecht. Wenn auch sozialdemokratische Wahlkomitees verboten blieben, konnte sich die einschlägig orientierte Arbeiterschaft immer noch in sogenannten Arbeiterwahlkomitees zusammenschließen[146], deren Mitglieder, einmal gewählt, immun waren. So machte sich die Sozialdemokratie getrost daran, ihre Niederlage von 1878 wieder auszugleichen. Im Reußenland blieb den Sozialdemokraten offizielle Wahlwerbung nachwievor versagt und Blos war es unmöglich geworden, im Land öffentlich aufzutreten.[147] Während seiner Mandatszeit hatte er die Regierung in Greiz ob ihrer Bundespolitik arg verspottet. Dieselbe wurde damals von einem jener „renitenten" Hessen[148] geleitet, mit denen sich Heinrich XXII., wahrscheinlich über die Netzwerke seiner Mutter, wohlweislich umgeben hatte.

Angesichts der angeblichen Ohnmacht der Sozialdemokraten, glaubten die etablierten Parteien felsenfest an ihren Wahlsieg.

Sie spalteten sich wieder in einen linken und einen rechten Flügel. Der liberale Kandidat Krause aus Dresden versuchte, die Arbeiter für sich zu gewinnen, indem er ihnen die Aufhebung der Sozialistengesetze versprach. Für die Konservativen kandidierte wieder der Brauereiunternehmer Mertz, der wiederum Unmengen von Freibier ausschenken ließ. Der Bierbaron machte die Bismarcksche Schutzzollpolitik zum Wahlkampfschwerpunkt, worauf sich einige Greizer Eliten lieber Blos – der als Gegner dieser Politik galt – zuwandten. Dieser äusserte später scherzhaft, dass so viele Leute aus dem Greizer Villenvierteln in der Stichwahl sozialdemokratisch gewählt hätten, dass man dort wohl bald auch eine Straße nach ihm benennen werde.[149] Dem wiederum widersprechen die Forschungen von Schmidt, der von einer konservativen Orientierung der Industriellen überzeugt ist.

Die Wahl am 27. Oktober 1878 wurde im wesentlichen ein Kampf zwischen Mertz und Blos. Im ersten Wahlgang lag das Stimmenverhältnis zwischen beiden Kontrahenten 2.314 zu 2.215. Die Liberalen kamen dagegen nur auf etwa 1.400 Stimmen. In der Stichwahl setzte sich Blos mit 4.711 zu 2.613 Stimmen durch und erneuerte damit das Reichstagsmandat seiner Partei für Reuß ä.L. Angeblich haben auch die Liberalen in der Stichwahl für Blos gestimmt. Eine ebenso große Zahl von Kleinbürgern, die für die Konservativen wenig übrig hatten dürfte im zweiten Wahlgang auch sozialdemokratisch gewählt haben.[150]

Wenn große Teile der Etablierten sozialdemokratisch wählten, wie kamen dann die Konservativen auf 2.613 Stimmen? Wie man sieht, ist der Einwand von Schmidt nicht aus der Luft gegriffen.

Auf Reichsebene hingegen hatte die sozialdemokratische Partei mit 311.961 Stimmen (6,1%) ihren absoluten Tiefstand erreicht.[151] Aber dennoch: Man errang insgesamt 12 Mandate (+3)[152] und war nun im Reichstag mit 6 Ländern vertreten (+4).[153] In dieser Hinsicht hatte man sich wieder dem Stand von 1877 angenähert und die kurz unterbrochene Wachstumskurve fortgesetzt. Im Gegensatz zu 1878 waren nun die Kräfteverhältnisse im Reichstag so verschoben, dass weder eine konservativ-nationalliberale, noch eine ultramontan-konservative Koalition gebildet werden konnte.[154]

Die Weberstreiks von 1882 und 1884

Bevor wir mit der Entwicklung der Sozialdemokratie in Reuß-Greiz fortfahren, wollen wir zunächst die parallel ablaufende Gewerkschaftsbewegung im Land sowie deren Rolle bei der Ausbildung des politischen Bewusstseins der Arbeiterschaft näher untersuchen. Dabei werden wir auch die Motivationen, die zum Streik führten, die Reaktionen der Behörden darauf sowie die Rolle sozialdemokratischer Funktionäre darin näher beleuchten.

1. <u>Der große Streik der Greizer Weber 1882</u>

Über die Vorformen der Gewerkschaften haben wir bereits gesprochen. Dabei war die große Instabilität, die örtliche Begrenztheit sowie der reine Pragmatismus dieser Verbände aufgefallen. Aus dem Vereinsverzeichnis des Greizer Gendarmen Anton Koch vom 22. Dezember 1878 wissen wir, dass zu dieser Zeit zumindest in Greiz ein Gewerkeverein bestanden und dass im selben Jahr ein Agitator namens Max Hirsch aus Berlin in einer Vereinsversammlung zur sozialen Frage gesprochen hat.[155]

Dennoch wurde der reußischen Arbeiterschaft erst durch ihre Ohnmacht während der Streikbewegung von 1882, die wir anschließend schildern, die Notwendigkeit entsprechender Organisationen bewusst, die um 1890 zum Anschluss an überregionale Organisationen führen sollte.

Der wirtschaftliche Aufschwung des Fürstentums hatte in den 1880er Jahren enorm zugenommen. Infolge der Konjunktur des Textilgewerbes kam es zu zu gigantischen Gewinnen der Fabrikanten,[156] während die Löhne ihrer Arbeiter stagnierten. Lange konnte die Fabrikanten mit der alten Krämermasche: *„Lerne leiden, ohne zu klagen"* die Arbeiter ruhig halten. Sie fühlten sie sich bestärkt, weil alle gewerkschaftsähnlichen Verbände aufgelöst, Schutz und Kampfmaßnahmen damit haltlos geworden waren. Doch diese Ruhe trog. So kam es im Blütejahr der deutschen Textilindustrie zu einem großangelegten Weberstreik in Greiz. Eine Beteiligung der sozialdemokratischen Organisation daran kann nicht nachgewiesen werden, auch wenn sich lange Zeit Gerüchte hielten, August Bebel selbst habe sich 3 Tage in Greiz aufgehalten und zu gesetzlichem Verhalten aufgefordert.

Die Exekutive reagierte wie gewohnt überzogen:

Es wurde mit dem Generalkommando des IV. preußischen Armeekorps in Magdeburg zwecks gewaltsamer Streikniederschlagung verhandelt.[157] Bevor die Truppen jedoch in Marsch gesetzt werden

konnten, war die Bewegung bereits zusammengebrochen.
Die Unternehmer hatten mit Zuckerbrot und Peitsche agiert.
Einerseits wurden insgesamt 150 Arbeiter entlassen, die nirgends
im Land mehr eingestellt werden durften. Andererseits sicherte
man den Arbeitern je nach ihrem Status höhere Löhne zwischen 5
und 20 % zu. [158]

2. Der Zeulenrodaer Strumpfwirkerstreik von 1884

Von den Erfolgen der Greizer Kollegen ermutigt, wollten nun auch
die Zeulenrodaer Weber ihren Anteil am konjunkturellen Wach-
stum einfordern. [159] Auch hier hatten sich die Unternehmer aufgrund der Schwäche gewerkschaftlicher Organisationen infolge
des Verbots in trügerischer Sicherheit gewogen. Selbst wenn keine
offiziellen Vertretungen mehr existierten, ergaben sich allein aus
der Wohn- und Arbeitsnähe der Zeulenrodaer Textilarbeiter untereinander eine ausgezeichnete Kommunikationsbasis. Die überwie-
gende Mehrheit von ihnen stand bei dem Unternehmer Schopper
in Lohn und Brot. Dadurch konnten ohne viel Mühe Netzwerke
(Seilschaften) geknüpft und aufrechterhalten werden. Erwähnens-
wert ist der Streik vornehmlich darum, weil durch ihn gewisse
Beziehungen zwischen den Honoratioren und der Arbeiterschaft,
sowie der Landesregierung einerseits, als auch zwischen Strei-
kenden und sozialdemokratischen Funktionären andererseits be-
leuchtet werden können. Die Behörden hatten ihre Gendarmerie
angewiesen, die Streikbrecher zu schützen.
Dies untersagte jedoch der demokratisch orientierte Zeulenrodaer
Bürgermeister Francke mit der Begründung, die Gendarmerie der
Exekutive habe im kommunal verwalteten Zeulenrodaer Sprengel
keine Handlungsbefugnis. Seine eigenen Gendarmen hielt er aber
ebenfalls zurück. Damit unterstütze er indirekt die Weber.
Wo liegen die Motive des Bürgermeisters?
Wollte Francke damit seine Wiederwahl sichern?
Sollten die partikularistischen Interessen, bezüglich des Selbstver-
waltungsrechtes der Zeulenrodaer Bürger gegenüber der konkur-
rierenden und bevorzugten Residenzstadt behauptet werden?
Haben ihn auch soziale Motive bewogen? Wir wissen es nicht.
Klar ist nur, dass die anderen Eliten Franckes Kurs nicht unterstützt haben. Sie tolerierten, dass der unmittelbar zuvor mit über-
raschender Mehrheit als Bürgermeister wiedergewählte Francke
von den Greizer Behörden in seinem Amt nicht bestätigt und
wider allen Rechtes mit sanftem Druck aus der Stadt entfernt

wurde.[160] Dieser Vorgang zeigt, dass die Oberschicht Zeulenrodas weniger homogen war, als bisher angenommen. Nicht nur viele kleinere Konkurrenten des „Monopolfabrikanten Schopper[161], sondern auch Mitglieder der alten Eliten sympathisierten zeitweise mit den Arbeitern, deren Forderungen ja nicht ausser der Welt standen. Zum anderen ist aus der überzogenen Reaktion der Behörden, nicht nur das Bestreben zu erkennen, das Patriarchat des Fürstenhauses über alle sozialen Veränderungen hinweg zu behaupten, sondern auch die Unwirksamkeit der angewandten Methoden und die dahinter versteckte dogmatische, intolerante und alternativenarme Mentalität der Beamten des absolutistischen Regierungsapparates. Dahinter lassen sich auch gewisse Ängste vermuten, die aus der Motivation heraus, jetzt handeln zu müssen, zu überstürzten, ungemäßen Aktionen führten. Diese Furcht zeigt sich auch in der peniblen amtlichen Untersuchung über die Hintergründe des Streiks und dessen Organisatoren.

Man vermutete Sozialdemokraten als Hintermänner, konnte aber keine Beweise dafür finden, auch wenn sich 1884 Blos und Grillenberger in Greiz aufgehalten hatten.[162] Es würde wundern, wenn sie nicht von der zeitgleichen Streikbewegung in Zeulenroda zumindest gewusst hätten. Am Ende ist auch fraglich, ob die Beamten von der Nichtteilnahme der Sozialdemokratie bei der Streikbewegung wirklich so felsenfest überzeugt waren. Schließlich konnte eine Regierung, die gegen die Sozialistengesetze gestimmt hatte, keine sozialdemokratisch motivierten Behinderungen ihres Wirtschaftskreislaufs offiziell zugeben.[163]

Verlängerung der Sozialistengesetze

Die Sozialistengesetze wären zum 30. September 1884 ausgelaufen, wenn sich bei der Abstimmung vom 10. Mai 1884 im Reichstag nicht eine knappe Mehrheit von 189 zu 157 Stimmen für die Aufrechterhaltung derselben gefunden hätte. Im Vorfeld war es bei vielen Konservativen zu Kritik an der bismarckschen Gesetzgebung gekommen.

Viele sahen darin, eine Vergiftung des politischen Klimas.[164]

Diese Kritik konnte am Ende nicht verhindern, dass die Verfolgung der Sozialdemokratie um 1887 noch einmal verschärft wurde, was sich wiederum bei der Reichstagswahl von 1887 negativ auf die Partei auswirken sollte, wie wir noch sehen werden.

Zunächst wenden wir uns den Reichstagswahlen von 1884 zu:

Die Reichstagswahl von 1884

Für die Wahl am 28. Oktober 1884 versuchten die Konservativen und Liberalen Lehren aus ihrer letzten Wahlniederlage zu ziehen. Sie einigten sich auf einen gemeinsamen Kandidaten. Der angesehene Kommerzienrat Heinrich Arnold sollte die Ehre der Reußen retten. Seinen Wahlkampf betrieb er bei jeder Gelegenheit. Besonders über seine Taktik, aus der fahrenden Kutsche heraus, vor jedweden Passanten den Hut zu ziehen, wurde als lächerlich empfunden. Für die Sozialdemokraten kandidierte in Reuß ä.L. wieder Wilhelm Blos.

Wie gewohnt, gestaltete sich der Wahlkampf äusserst schwierig, weil der Kandidat nachwievor nicht öffentlich auftreten durfte. Immerhin hatte der Reichstag den schlimmsten Entgleisungen des Sozialistengesetzes einen Riegel vorgeschoben. Dadurch war die angestrebte Praxis, alle Arbeiterwahlkomitees als sozialdemokratische Organisationen zu betrachten und damit zu verbieten, sowie alle Wahlzettel, auf denen die Namen von Parteimitgliedern auftauchten, zu beschlagnahmen, hinfällig.

Die Sozialgesetzgebung, die allen Arbeitsunfähigen eine kleine Rente versprach, wirkte auf viele Arbeiter elektrisierend und hielt sie von den Sozialdemokraten fern. Manche fühlten sich zu lange von der Partei ins Schlepptau genommen.[165] Das Gesamtergebnis der Sozialdemokratie in Reuß ä.L. wurde davon weniger beeinflusst. Blos siegte im ersten Wahlgang mit 3.890 zu 2.969 Stimmen. Sicherlich war dieses Ergebnis von dem leicht negativen Ausgang der letzten Streikbewegungen beeinflusst worden. Der Name des Kandidaten der Freisinnigen, von denen wir erstmals in Reuß ä.L. hören, ist uns unbekannt geblieben. Er bekam 47 Stimmen, während die meisten seiner Sympathisanten Arnold gewählt haben dürften. Blos, der auch im Wahlkreis Braunschweig gewählt worden war, entschied sich für das wenig sichere auswärtige Mandat und es kam zu einem erneuten Wahlgang: Während für die Sozialdemokraten der Nürnberger Kaufmann Philipp Wiemer antrat, stellten die Konservativen den Justizrat Otto Liebmann und die Fürstenpartei den Moschwitzer Gutsherrn Emil Kirmse auf. Von den 6.898 Stimmen entfielen auf Wiemer 3.848, auf Liebmann 2.953, sowie auf Kirmse 86 Stimmen. Damit war das sozialdemokratische Reichstagsmandat für Reuß ä.L. gesichert. [166] Auch auf Reichsebene waren die Sozialdemokraten relativ erfolgreich. Die Ausgangsbasis für die Partei hatte sich beträchtlich verbreitert. Man trat nun in 225 Wahlkreisen (+72)

an und errang einen Anteil von 549.990 Stimmen (+238029) und
damit 9,7% aller gültigen Stimmen. Die Reichstagsfraktion ver-
doppelte sich auf insgesamt 24 Abgeordnete.[167]
Diese ausgezeichneten Ergebnisse zeigen die Fortschritte, welche
die Fundamentalpolitisierung, also die Einbeziehung weiterer Be-
völkerungskreise in den Wahlmodus, inzwischen gemacht hatte.
Wie wir am Beispiel Reuß ä.L. sehen können, haben, infolge des
negativen Ausgangs der Streikbewegung und des forschen Verhaltens der Regierung, bedeutend mehr Leute sozialdemokratisch
gewählt. Davon wurde wiederum das Gesamtwahlergebnis der
Sozialdemokratie im Reich positiv tangiert.

Die Reichstagswahl von 1887
Im Vorfeld der sogenannten Septenatswahlen (Faschingswahlen)
vom 12. September 1887 hatte Bismarck den Reichstag aufgelöst,
weil dieser seine Militärvorlage nicht genehmigen wollte.
Die Neuwahlen fanden in einem Klima vermehrter patriotischer
Begeisterung unter der Bevölkerung statt. Dabei kamen der bismarckschen Agitation die unbedarften chauvinistischen Reden des
französischen Kriegsministers Boulanger zu Hilfe, die in vielen
Deutschen die Angst der Bedrohung ihres Vaterlandes durch einen
französischen Revancheschlag schürten. Unter diesen Umständen
war die Ausgangsposition aller Gegner des Gesetzesvorschlags
(Sozialdemokraten wie Freisinnige) sichtlich erschwert.
Als Vaterlandsverräter diffamiert, konnten die reußischen Sozialdemokraten der Kampagne nur mit besonders fähigen Rednern
aus dem „Ausland" begegnen. Für Wilhelm Blos stellte die Partei
wiederum Philipp Wiemer auf. Auch dieses Mal verhinderte das
Verbot sozialdemokratische Wahlversammlungen.
Trotz großer vaterländischer Begeisterung konnten sich auch die
etablierten Konservativen des Fürstentums nicht auf einen ein-
heitlichen Kandidaten einigen. Für die Liberalen kandidierte der
Greizer Druckereibesitzer Otto Henning, während sich für die Konservativen der Landgerichtsdirektor Otto Liebermann zur Wahl
stellte. Die, vielleicht durch die gegenwärtige Absatzkrise[168] im
Aussenhandel hervorgerufene, große Wahlbeteiligung[169] der reußischen Klein- und Großbürger erhöhte den Stimmenanteil der
bürgerlichen Parteien enorm, während viele Arbeiter nicht zur
Wahl gingen. Dennoch lag die Sozialdemokratische Partei, be-
günstigt durch die Ablehnung des liberalen Kandidaten aus Greiz
durch den Zeulenrodaer Lokalpatriotismus, im ersten Wahlgang

zunächst vorn. In der Stichwahl hingegen setzte sich Henning gegenüber dem sozialdemokratischen Bewerber mit 6378 zu 4284 Stimmen durch. Damit war das Sozialdemokratische Reichstagsmandat für Reuß ä.L. wieder einmal verloren. Auch auf Reichsebene war die Fraktion auf 11 Mandate geschrumpft.[170] Ob sich das Zusammengehen der beiden konservativen Parteien mit den Liberalen im Reichstag[171] auch auf der Landesebene auswirkte, wissen wir nicht.

Das Ende der Sozialistengesetze
Ausgerechnet die 1887 gewählte sozialistenfeindliche Regierung sollte in ihrer letzten Sitzung am 25. Januar 1890 die Sozialistengesetze kippen. Dabei hatte ursprünglich keiner der Verantwortlichen eine Wende im Sinn gehabt. Die Konservativen hatten das Gesetz im Vorfeld abgelehnt, weil es ihnen nicht weit genug gegangen war. Auch der Widerspruch der dabei mit dem Nationalliberalen zusammenarbeitenden Reichspartei konnte nicht verhindern, dass die Verlängerung des Gesetzes mit 167 zu 98 Stimmen abgelehnt wurde.[172] Die Sozialdemokraten wurden während des Wahlkampfes allerdings nicht davon befreit. Dennoch wurde ihrer Öffentlichkeitsarbeit damit ein breites Tor geöffnet.

II.9. Reichstagswahl 1890

In Reuß ä.L. standen zu dieser Zeit Franz Feustel in Greiz und Robert Schenk in Zeulenroda an der Spitze der Bewegung.[173]
Die noch illegale Parteileitung trat nach der Bekanntgabe des Wahltermins sofort mit der Zentrale, zwecks Bestellung eines Kandidaten in Verhandlung. Man empfahl den Hamburger Zigarettenfabrikanten **Hermann Förster** aufzustellen. Dieser veranlasste Schenk sogleich, in den Zigarettenhandel einzusteigen, um die örtliche Parteikasse aufzubessern, denn zum Neuaufbau der Organisation bedurfte es reichlicher Geldmittel.
Über den Wahlkampf haben sich nur Artikel der konservativen Zeitungen erhalten. Danach bekämpften sich die Nationalliberalen unter dem Hofdrucker Otto Henning und die Anhänger der partikularistischen Fürstenpartei aufs Heftigste.[174] Das Komitee der Deutschfreisinnigen unter Theodor Barth aus Berlin blieb dagegen im Hintergrund. Umso mächtiger rührte die Fürstenpartei unter dem Gutspächter Werner auf Döhlau die Werbetrommel. In der Wahl siegten jedoch die Sozialdemokraten und übertrafen mit 5.885 Stimmen die 3 bürgerlichen Parteien, die zusammen lediglich 5.571

Stimmen zusammenbrachten.[175]

Auch reichsweit verdoppelten die Sozialdemokraten ihren Anteil auf 19,7% aller gültigen Stimmen. Damit waren sie zur stimmenstärksten Partei geworden und blieben es auch bis zum Ende des Wilhelminischen Reiches. Die Reichstagsfraktion war mit 35 Abgeordneten verdreifacht worden. Auch in Reuß jüngere Linie hatte sich die Partei in diesem Jahr erstmals durchgesetzt. Trotz aller Erfolge wurde die Sozialdemokratie im Reichstag nur fünfstärkste Fraktion. Vor ihnen lagen die Nationalliberalen mit 42, die Freisinnigen mit 66, die Konservativen mit 77, sowie das Zentrum, eine christlich orientierte Volkspartei, mit 106 Mandaten. [176]

II.10. Der 1. Mai 1890

An vielen Orten im ganzen Reich wurde der 1889 vom Sozialistenkongress in Paris festgelegte Erste Mai als Feiertag der Arbeiter im großen Stil gefeiert. In Greiz und Zeulenroda hingegen wagten die Arbeiter noch nicht, tagsüber zu feiern. Angesichts der desolaten Arbeitsmarktlage wollten sie keine Aussperrungen provozieren und begingen das Fest erst ab der Abenddämmerung.

Nach 12 Jahren Verbot war dies die erste große Arbeiterveranstaltung im Land. Die Behörden durch den Wahlsieg der Sozialdemokraten verärgert, befürchteten Ausschreitungen. Noch mussten die Genossen vorsichtig sein, den die Sozialistengesetze liefen erst zum 30. September 1890 aus. Ein Aufatmen der Bewegung war auch in Reuß ä.L. spürbar. Der Triumph über die Etablierten begeisterte besonders die Arbeiterjugend in hohem Maß. Allerdings wurde deren Engagement infolge des Vereinsverbots eingegrenzt, weil nur Männer über 25 Jahren am Vereinsleben teilhaben durften.[177]

II.11. Aufschwung gewerkschaftlicher Organisation um 1890

Im Jahr 1890 hatte die wirtschaftliche Depression in Greiz ihren Tiefstand erreicht, die Löhne waren gefallen. 600 Weber traten in Streik. Auf den Straßen kam es zu spontanen Menschenansammlungen von bis zu 500 Personen.[178] Die Sozialistengesetze machten einer Organisations-Gründungs-Euphorie Platz. Bisher waren alle dahingehenden Versuche von den Behörden abgewimmelt worden.[179] Auch infolge des negativen Resultats der Weberstreiks von 1882/84 war in vielen Arbeitern die Überzeugung gereift, dass eine gemeinsame Organisation unabdingbar war. Wichtige Wegbereiter für die Bildung von Berufsverbänden waren wiederum die Parteifunktionäre Franz Feustel und Robert Schenk.[180] Zunächst hielt sich der Erfolg jedoch in Grenzen. Der 1891 in Pößneck gegründete Verein der Deutschen Textilarbeiter/innen wurde von den Behörden verboten, weil er Frauen in seinem Verein aufnahm. Ihnen war Vereinsarbeit nicht erlaubt. 1892 startete man einen weiteren Versuch. Eine Versammlung wurde organisiert, allerdings ohne Genehmigung. Damit übertrat man das Reußische Versammlungsgesetz von 1887. Die Versammlung unter dem Greizer Parteifunktionär Franz Feustel wurde polizeilich aufgelöst, die Teilnehmer zu Geldstrafen zwischen 3 und 15 Mark verurteilt. Dennoch konnte die Greizer Filiale, gestärkt durch den Gesamtverband, weiterbestehen. Sie wurde erfolgreicher als die Zeulenrodaer Niederlassung.[181] Dort widersetzten sich zunächst die Arbeiter der Wirkerei Schopper in Zeulenroda einem übergreifenden Verband, wahrscheinlich, weil sie ihre internen Netzwerke bedroht sahen. Erst nachdem die finanziellen Ressourcen der Betriebsgemeinschaft 1893 infolge eines Ausstandes innerhalb weniger Tage erschöpft waren, schlossen sich 400 Arbeiter dem Deutschen Verein der Textilarbeiter an. Nachdem jedoch der Verband die Wochenbeiträge von 20 auf 30 Pfennig erhöht hatte, traten viele von ihnen wieder aus. Diese Nichtbereitschaft des finanziellen Engagements sollte noch viele weitere Jahre die Ausbildung „ordentlicher" Gewerkschaftsarbeit verhindern. Erfolgreicher bei der Organisationsbildung waren die allerdings weniger zahlreich vertretenen Holz- und Metallarbeiter, auch wenn sie mit ihren Vereinsgründungen von 1890 gut zwei Jahrzehnte hinter dem gesamtdeutschen Durchschnitt zurücklagen. [182]

II.12. Die Krise der reußischen Arbeiterbewegung nach 1890

Während die Sozialdemokratie, bedingt durch den Wegfall der Beschränkungen, überall im Reich einen Aufschwung nahm, schlitterte die Zeulenrodaer Bewegung in die schwerste Krise seit ihrem Bestehen. Dadurch wurde auch die Weiterentwicklung der Organisation in Greiz begrenzt. Der Weggang Robert Schenks hatte der Zeulenrodaer Arbeiterbewegung einen harten Schlag versetzt. Es fehlte ein fähiger Nachfolger. Franz Feustel konnte nicht in Zeulenroda und Greiz zugleich sein. Unter diesen Umständen dauerte es nicht lange, bis sich die Arbeiter entzweiten. Ein Anlass zum Streit war bald gefunden: Die Parteileitung plante die Idee eines Konsumvereins zu realisieren, welche in Greiz, Rudolstadt und vielen anderen Orten so erfolgreich war. An dieser

Idee schieden sich die Geister. Bereits 1877 hatte in Zeulenroda ein Konsumverein existiert, der aber nie wirklich funktionierte. 1884 musste seine Arbeit wegen Misswirtschaft eingestellt werden. Die letzten Mitglieder hatten die Defizite noch durch Bareinlagen tilgen müssen. Mit Argumenten dieser Art versuchten die Gegner des Konzeptes eine Neugründung zu verhindern. Unter ihnen waren viele verdiente Genossen, die den Aufbau eines kleinen Geschäftes der Fabrikarbeit vorgezogen hatten und sich nun in ihrer Existenz bedroht sahen. Sie fürchteten Umsatzverluste, wenn ihre Hauptkunden, die häufig selbst Parteigenossen waren, zu den Konsumvereinen (Einkaufsgesellschaften) wechselten. Die Überstimmten machten ihrer Verärgerung durch Anfeindungen Luft. Auf diese Art sank die einst so starke Bewegung auf ihr Gründungsniveau zurück. Der Konflikt wurde über viele weitere Jahre am Laufen gehalten, weil die Misswirtschaft der Geschäftsführung des Konsumvereins immer wieder für Verärgerung sorgte. Das Personal war unglücklich gewählt, die Lagerverwaltung hatte immer wieder Positionen unterschlagen. Alle Versuche der Vertuschung scheiterten. Es kam zu Gerichtsverhandlungen und der öffentliche Skandal war groß. Hämisch zogen die konservativen Zeitungen die Affäre durch den Dreck. Potentielle Wähler unter den Kleinbürgern wandten sich erschreckt ab. Die Großbürger sahen sich in ihrem Vorurteil bestätigt, wonach Kumpanei immer nur Lumperei sei.
Dennoch zeigen die sozialdemokratischen Wahlergebnisse in Reuß ä.L. in den folgenden Jahren, dass die Affäre dem Aufschwung der Bewegung keinen Abbruch tun sollte.[183]

II.13. Aufhebung des Vereinsverbots im Jahre 1903

Nach dem Tod des Fürst Heinrichs XXII. von Reuß ä.L. 1902 und der Regierungsübernahme der jüngeren Linie in Gera konnten die politischen Beschränkungen im Land nicht mehr lange aufrecht erhalten werden. Während die Fürstenpartei, vom Ableben des Souveräns schwer getroffen, lange Zeit handlungsunfähig blieb, stellten sich die anderen konservativen Gruppierungen im Land die Frage, wie man am besten den sozialdemokratischen Einfluss eindämmen könnte. Neben dem Beschluss, von nun an besser zusammenzuarbeiten, kam man auch zu der Ansicht, dass das Vereinsverbot, welches bürgerliche und sozialdemokratische gleichermaßen diskriminierte, nicht mehr aufrechterhalten werden könne, weil es der Ausbildung schlagkräftiger konservativ-orientierter Gruppierungen im Wege stünde. So zwang man die Regierung dazu, das Vereinsverbot am 25.10.1903 aufzuheben.[184] Damit war die letzte Bastion, welche die Fundamentalpolitisierung in Reuß ä.L. im Gegensatz zu anderen Reichsterritorien bis zu 30 Jahre zu verzögern gesucht hatte, beseitigt.

II.14. Der Sozialdemokratische Verein

Unmittelbar nach der Aufhebung des Verbots, gründete der Redakteur der 1893 in Greiz ins Leben gerufenen sozialdemokratischen Lokalpresse, der „Reußischen Volkszeitung" den sozialdemokratischen Verein für Reuß ä.L.. Im Genehmigungsgesuch fanden sich die Namen von 26 Personen aus allen Bevölkerungsschichten. Es unterschrieben Weber, Maurer, Kutscher, Kontoristen, Lagerhalter, selbst höhere Angestellte.

An diesem Beispiel sieht man, wie vielschichtig die Bewegung in Greiz tatsächlich war. Der Verein wurde zunächst auf Widerruf genehmigt, Mitglied werden konnte jede erwachsene Person. Dennoch blieb die Genehmigungspflicht für Versammlungen, die mit Zeitpunkt, Ort, Zweck und Gesprächsthemen vorangemeldet werden mussten, bestehen. Der Greizer Verein richtete bald in Zeulenroda, dessen Sozialdemokraten noch immer untereinander zerstritten, waren und in vielen kleineren Orten Filialen ein.

Mit der Etablierung dieses Vereins war der Wahlkreis Reuß ä.L. endlich auch offiziell in die straffe sozialdemokratische Organisationsstruktur auf Reichsebene eingebunden. 1905 sollte es bedingt durch die Zollpolitik, welche die Lebenserhaltungskosten der Menschen negativ tangierte sowie durch die Fernwirkung der gescheiterten Revolution in Rußland zu einem weiteren Aufschwung der Bewegung insgesamt kommen, an dem auch die reußische Sozialdemokratie teil hatte.[185]

II.15. Christliche Vereine

Angesichts der großen Bedeutung von Religiosität für Heinrich XXII. fragt sich der Betrachter, warum der Fürst keine christlichen Vereine als zweites Standbein neben seiner Fürstenpartei etabliert hatte. Dass es unter den Arbeitern christliche Tendenzen gab, beweisen die Vielzahl von christlichen Vereinen, die nach 1903 aus dem Boden schossen. Bei genauer Betrachtung fällt jedoch auf, dass Parteien mit christlicher Zielrichtung meist in katholischen Gebieten bestanden und deren treibende Kräfte nur in Opposition zur Obrigkeit erreichen und halten konnten, wie Bismarcks Kampf nicht nur gegen die Sozialdemokratie, sondern auch gegen die im Westen und Süden des Reiches auch bei vielen Arbeitern beliebte Zentrumspartei deutlich gezeigt hatte.

Da in Reuß bis zur Abschaffung des landesherrlichen Summepiskopats nach dem Weltkrieg das Oberhaupt der Landeskirche der Fürst selbst war, konnte eine christlich motivierte in subkulturellen Strukturen gehaltene Bewegung gar nicht erst aufkommen. Die christlichen Verbände, die nach 1903 gegründet wurden, hatten andere Ziele. So suchte der 1904 gegründete christliche Textilarbeiterverband nach Wegen, sozialdemokratisch angehauchte Arbeiter für christlich-nationale Ziele zu interessieren. Man kaufte Grundstücke und legte Schrebergärten darin an. 1904 hatte der Verein noch 109, 1912 dagegen schon 461 Mitglieder. Die sozialdemokratische Presse versäumte zu keiner Zeit den Verein vehement zu schmähen und wider ihn zu agieren.[186]

SCHLUSS

III.1. Wer waren eigentlich die Akteure?

Im Vorfeld haben wir Herkunft und Lebenslauf der wichtigsten Vertreter der Reußischen Sozialdemokratie mit berücksichtigt. Der Vergleich ihrer Lebensdaten zeigt, dass sie nicht gerade aus den untersten Bevölkerungsschichten kamen. Wilhelm Blos entstammte dem Bildungsbürgertum. Er war von Großbürgern erzogen worden. Anton Metz hatte zeitlebens gute Beziehungen zu den Honoratioren seiner Stadt. Viele Funktionäre waren ehemals Alleinmeister gewesen bzw. stammten aus Familien den unteren Mittelstandes. Es kann nicht klar erwiesen werden, ob alle von ihnen allein die Sorge um ihre verarmenden Mitmenschen zum Handeln getrieben hat oder sie in den Strukturen der noch jungen Bewegung, die händeringend nach kompetenten Funktionären suchte, mitunter auch Karrieremöglichkeiten gesehen haben, die für Arbeiter anderenorts so nicht möglich gewesen wären.

Die Funktionäre strebten häufig danach, wieder den hierarchischen Platz einzunehmen, den sie bzw. ihre Eltern im Zuge des sozialen Wandels zuvor hatten räumen müssen. Unter diesen Umständen wundert es auch nicht, dass Robert Schenk, der Strumpfwirkergeselle, der es zum Alleinmeister brachte, seine hierarchische Position auch seinen Nachkommen sichern wollte, indem er seinen Sohn auf eine Bürgerschule schickte.

Dieser Befund passt auch zu den Ergebnissen der allgemeinen Arbeiterforschung, wonach die deutsche Arbeiterbewegung keine Bewegung der Allerärmsten, sondern eher der qualifizierten und bessergestellten Arbeiter war.

Ihre Träger waren vornehmlich ehemalige Handwerksmeister bzw. deren Söhne, die ihren sozialen Abstieg zum Fabrikarbeiter kompensieren wollten, zumal sie sich infolge ihres Herkunftsmilieus, sowie ihres Habitus zu sehr von den ungelernten Arbeitern aus ärmlichen Verhältnissen unterschieden.

So führten sie den Kampf für die Armen, weil sie sich unter Ausnutzung der sozialen Konfliktlage mehr Gehör für ihre eigenen Forderungen erhofften. [187]

Ebenso wie anderenorts war auch in Reuß ä.L. die Arbeiterklasse nicht homogen. Der Greizer Arbeiterbildungsverein von 1877 nahm nur höhergestellte Arbeiter in seine Reihen auf und war auf Konsens mit den Etablierten ausgerichtet. Ebenso bestand die örtliche Parteigruppe von 1903 aus Personen sowohl der Unter- als auch der Mittelschicht.

III.2. Die reußische Sozialdemokratie im Bezug zum Reichsdurchschnitt

In Reuß ä.L., gab es bedeutende Reste feudaler Strukturen, die eine Politisierung breiterer Bevölkerungsteile aufzuhalten suchten. Der soziale Wandel infolge der Industrialisierung war groß und somit eine Neuorganisation der politischen Verhältnisse dringend erforderlich. Die kleinstaatlichen Strukturen des Reußenlandes behinderten die Entwicklung der Bewegung, weil sie die Ausbildung lokaler Organisationen erschwerte und überregionale Verbindungen zwischen ihnen wegen der unterschiedlichen Mentalität und politischen Existenzbedingungen hemmte. Andererseits haben gewisse Strukturbedingungen der Landschaft den Aufstieg der Sozialdemokratie und deren Existenz während der Verbotszeit ungemein erleichtert: Im Gegensatz zu den industriellen Ballungsgebieten konnte die bei den Reichstagswahlen übliche „Gleichbehandlung" aller Wahlkreise unabhängig von der Bevölkerungszahl die politischen Realitäten, hier die Realität weniger verzerren.[188] Das Fürstentum war zu klein dafür. In 2 von 3 Wahlbezirken besaß das urbane Element ein ausserordentliches Übergewicht. So spiegelten sich zumindest bei den Reichstagswahlen die politischen Ansichten breiterer Bevölkerungsschichten besser wider. In den politisch, wie wirtschaftlich tonangebenden Gebieten des

Reiches war dem noch lange nicht so. Desweiteren boten die vielen Grenzlinien innerhalb der Region einen ausgezeichneten Schutz vor polizeilichen Verfolgungen, weil die Gendarmen jeweils an der Landesgrenze halt machen mussten.

Der zwar wohlwollende, aber unzeitgemäße Regierungsstil des letzten Greizer Fürsten Heinrich XXII. schuf ein kaum zu beschreibendes Mikroklima: Einerseits wurden viele „Freiheiten" verhindert, so dass im Fürstentum erst nach dem Tod des Fürsten 1902 eine legale Parteiarbeit möglich wurde.[189]

Andererseits konnten die Verbote der Regierung nicht immer durchgesetzt werden, weil die strafverfolgenden Behörden der überlegenen Taktik von reichsweit operierenden Vereinigungen, wie Sozialdemokraten und Nationalliberalen, nicht gewachsen waren.

Der perfekte Ausschluss der Sozialdemokratie aus dem Landtag, zwang deren Agitation in andere Bahnen: Der Reichstagswahlkampf wurde vorangetrieben. In dessen Ergebnissen spiegelte sich die Unzufriedenheit breiter Bevölkerungsschichten mit den politischen Verhältnissen im Land wieder.[190] Die antipreußische Außenpolitik des Regenten, seine unversöhnliche Haltung gegenüber den Nationalliberalen kam den Sozialdemokraten besonders bei der Reichstagswahl von 1878 zu gute, behindert sie jedoch auch, weil die Sozialistengesetze in Reuß besonders rigoros angewandt wurden. Der Fürst, der als einziger gegen ihre Verabschiedung gestimmt hatte, durfte nicht zugeben, dass er selbst große Schwierigkeiten mit der Arbeiterbewegung hatte.

III.3. Die Rolle der Sozialdemokratie bei der Politisierung neuer Wählerschichten

Vor dem Beginn der Arbeiterbewegung war in Reuß ä.L. noch ein feudales System etabliert, das den Großteil der Bevölkerung von der politischen Bewegung ausschloss. So war der Ständetag mit seinen wenigen Vertretern, von Fürstenpartei und Großgrundbesitzern bzw. kommunalen Körperschaften dominiert. Der Großteil der Landbevölkerung war politisch uninteressiert und ganz in der Alltagsplanung der Dorfgemeinschaften verfangen. Die meisten Dienstboten und Gemeindediener werden ebenfalls nie auf den Gedanken gekommen sein, dass ihre Stimme irgendeinen politischen Einfluss haben könnte, waren sie doch – soweit sie nicht Haus oder Hof ihr Eigen nannten – nichteinmal Mitglieder ihres jeweiligen Gemeindeverbandes. Längst hatte man sich mit dem verschiedenen Einfluss der Wahlklassen (im Ort) auf das Wahlergebnis abgefunden.[191] Während die städtischen und ländlichen Etablierten über ihre Vertreter begrenzt mitentscheiden konnten, lebten viele Heimwerker [Alleinmeister] isoliert voneinander auf dem flachen Land, was ihre Organisation erschwerte. Des weiteren waren viele Arbeiter so sehr mit der Sicherung ihrer Grundbedürfnisse beschäftigt, als dass sie sich im mindesten für Politik hätten interessieren können. Erst im Laufe der 1870/80er als der Lebensstandard langsam, aber bestimmt gestiegen war,[192] hatten viele Arbeiter mehr Zeit und Geld um sich mit anderen Dingen zu beschäftigen. Dies ist ein Hauptgrund des zunehmenden Erfolges der Sozialdemokratie. Aber das ist nicht alles:

Von Anfang an war die Sozialdemokratie bestrebt zur Durchsetzung ihrer Forderungen Mehrheiten zu finden. Von den Etablierten war wenig Interesse zu erwarten. Die Zahlen der politisch interessierten Arbeiter stagnierte. Also machten sich die Aktivisten daran, Bevölkerungsschichten politisch zu interessieren, die sich ihrer Mitwirkungsmöglichkeiten an der Entscheidungsfindung bisher noch nie bewusst geworden waren. Dies sieht man vor allem im Vorfeld der Reichstagswahl von 1877, wo Wilhelm Blos und seine Mitstreiter erstmals die abgelegenen Gebirgsdörfer politisch beackerten und die Wählerschaft der Fürstenpartei dezimierten oder wie es ihnen gelang die politischen vollkommen abseits stehenden Heimarbeiter politisch zu interessieren. Eine große Bedeutung kam auch den Lesevereinen, sowie der sozialdemokratischen Presse zu. Indem man die neu hinzugezogenen Arbeitern dabei unterstützte, das Reußische Bürgerrecht zu erwerben, bekam man gleichzeitig damit auch potentielle Wähler. In den **Lesevereinen** wurde die politische Literatur der Bewegung gesichtet und diskutiert. Dabei setzte man nicht nur auf Ideologie, sondern versuchte die Menschen auch individualistisch zu formen. So wollte Blos seine Wähler nicht allein mit sozialen Theorien gewinnen. Er referierte mit ihnen alltägliche Probleme und suchte sie zum Mitdenken anzuregen. Selbstständig sollten sie Hintergründe von Entwicklungen erkennen und differenzieren lernen. So etwas lernte man nicht auf den Dorf- bzw. städtischen Bürgerschulen, die neben Lesen, Schreiben und Rechnen beinahe ausschließlich Religion und [Kirchenlied]singen im Lehrplan hatten und wo der Rohrstock [dessen Gebrauch etwa im Preußen der 1880er Jahre wieder ausgeweitet wurde] oft genug zum Einsatz kam, mit dem Glauben, dass aus fügsamen Schülern später auch entsprechend devote fügsame Untertanen werden würden.

Auch wenn die Teilnehmerschaft an Veranstaltungen und Lese-clubs nur einen Bruchteil der Arbeiterschaft abdeckte, so setzten sich diese in der Fabrik oder im Wohnumfeld immer wieder mit dem Gelernten auseinander und übertrugen den Funken der Bewegung so auf Kollegen und Nachbarn. Es ist kein Wunder, dass die etablierten Parteien mit ihrer zu Wahlzeiten plötzlich gesteigerten Wohltätigkeit oder ihren Freibierrunden immer weniger erreichten. Am Ende war diese politische „Bewusstwerdung" des kleinen Mannes auch von der **Presse** abhängig. Die Menschen hatten zunehmend mehr Zeit zu lesen und die Sozialdemokraten versuchten, dies mit der Schaffung einer starken, lokal bezogenen Zeitungslandschaft für die Bewegung, zu nutzen. Während die ersten Blätter noch erfolglos blieben, setzte sich die Lektüre ab den 1880er Jahren immer mehr durch, wenn auch die Mehrzahl der Arbeiter selbstredend nie erreicht werden konnte.

Die sozialdemokratischen Zeitungsleser standen mit ihrer Partei vornehmlich durch die Arbeiterpresse, deren Redakteure meist auch die örtlichen Funktionäre waren, durch Leserbriefe und Lokalnachrichten in engen Kontakt. In der alternativen Darstellung der wichtigsten politischen Tagesereignisse waren die sozialdemokratischen Zeitungen vorbildlich. Die konservativen Blätter wurden angeregt, sich mit den Problemen der Sozialdemokratie zu beschäftigen und eine „bessere" Zeitung zu schreiben. Man versuchte damit jene Leserstämme zu halten, die in die Sozialdemokratie hinüberzugleiten drohten. Dadurch wurden auch die konservativen Leser zumindest indirekt politisch geschult.

Am Ende lässt sich konstatierten, dass ohne die unermüdliche Öffentlichkeitsarbeit der Sozialdemokratie die Politisierung weiter Bevölkerungsschichten nicht hätte stattfinden können.

III.4. Epilog – Ruhe nach dem Sturm?
<u>Was wenn eine Bewegung veralltäglicht</u>

Nachdem die reußische Sozialdemokratie in der reichsweiten Organisationsstruktur offiziell eingebunden war, begann bei vielen ihrer Funktionäre eine schleichende Mentalitätsänderung. Infolge der Abneigung, auf welche die Bewegung angesichts ihrer politischen Haltung bei den etablierten Interessengruppen gestoßen war, hatten sich die Sozialdemokraten immer mehr abgekapselt und eine eigene Subkultur herausgebildet. Innerhalb der Parteistruktur wurden schnell Karrieremöglichkeiten sichtbar. Um 1905 konnte die inzwischen herangewachsene Jugend die revolutionäre

Aufbruchstimmung der Gründerzeit nicht mehr nachvollziehen.
Die einst so charismatische Bewegung veralltäglichte.
In der Folge waren die Parteimitglieder nicht mehr unbegrenzt zu
aktivieren. Am Vorabend des Weltkrieges war es der überlegenen
Taktik der Reichsleitung gelungen, die Führer der Sozialdemokra-
tie [wie auch die aller anderen Parteien] auf ihre Seite zu ziehen.
Damit stand der Bewilligung der Kriegskredite, ohne die der Welt-
krieg so nicht stattfinden hätte können, nichts mehr im Wege.

Wie kam es zu dieser folgenschweren Entscheidung?
In vielen Funktionären brannte der Wunsch, endlich vom Establishment akzeptiert zu werden. Man wollte das Errungene, den
Partei- und Gewerkschaftsapparat nicht mehr ohne weiteres auf-
geben. Man erinnerte sich mit Frösteln an das unsichere Leben
während der Verbotszeit und war bemüht, des einmal erlangten
Status nicht mehr ohne weiteres verlustig zu gehen. Die Einbeziehung der Arbeiterbewegung in die Verteilung der kriegswich-
tigen Aufgaben nach 1914, überwand die tiefe Kluft, die einstmals
zwischen Etablierten und Aussenseitern bestanden hatte, zumindest formell, allerdings zum Preis jeglicher politischer Freiheit. Mit
dem Kriegsausbruch hatten alle politischen Parteien zugunsten
einer Militärregierung abgedankt und von einer Fundamentalpolitisierung der Gesellschaft war in den nächsten Jahren keine
Rede mehr.

III.5. Anhang 1: Forschungsgeschichte

Für die Ursprünge der Arbeiterbewegung in Reuß ä.L. begannen
sich die örtlichen Sozialdemokraten schon bald nach der Jahrhun-
dertwende zu interessieren. Die Parteileitung rief die Mitglieder
auf, ihre Erinnerungen an diese Zeit aufzuschreiben. Schriftliche
Belege waren kaum vorhanden. Das generelle Vereinsverbot in
Reuß ä.L. bis 1903 hatte sozialdemokratisches Wirken auch
ausserhalb der Sanktionierungsphase von 1878–1890, illegal gemacht. Dementsprechend halten sich der überlieferte Briefverkehr
der Genossen und das Vorhandensein von Protokollbüchern über
Parteisitzungen in Grenzen. Die Aufzeichnungen der Staatsorgane
über gefährliche aufrührerische Umtriebe sowie diverse Artikel
sozialdemokratischer, vor allem aber bürgerlicher Zeitungen sind
im großen und ganzen die einzigen Schriftquellen aus dieser Zeit.
Dazu kamen nun nach und nach Erlebnisberichte verdienter
Genossen, von denen die Erinnerungen von Wilhelm Blos[193] und

Franz Feustel[194] die bedeutendsten sind. Leider ging das in jenen Tagen angelegte, mit viel Mühe aufbereitete Greizer Parteiarchiv in den Wirren der braunen Revolution 1933 vollkommen verloren. So bereitete es dem Forscher Friedrich Lorenz Schmidt in den 1950er Jahren große Schwierigkeiten die Geschichte der Sozialdemokratie in Reuß ä.L. zu rekonstruieren. Als letzter Wissenschaftler erforschte Ulrich Hess, der sich mit der Geschichte der politischen Parteien in Thüringen befasst hat, Ende der 1980er Jahre auch die Entwicklung in unserem Gebiet.

III.6. Anhang 2: Kurzzusammenfassung:

1850/60er Jahre: Ebenso wie in anderen Territorien kann man auch für die Reußischen Staaten die Arbeiterunterstützungsvereine der 1850/60er Jahre, als Vorläufer der Bewegung ansehen, auch wenn deren Arbeit vom Vereinsverbot beschränkt blieb. Die Arbeiterbewegung im Fürstentum entwickelte sich in Anlehnung an die Organisation der Lassalleeaner in der zweiten Hälfte der 1860er Jahre in der Stadt Zeulenroda. Dort herrschten insoweit gute Startbedingungen, als die Zusammenballung von Arbeitern hier am größten, die Kontrollmöglichkeiten der fürstlichen Behörden hingegen am geringsten waren.

1870er Jahre: Allerdings blieb die Bewegung lange Zeit klein und nur örtlich begrenzt, weil weite Bevölkerungsteile noch vollkommen unpolitisch waren. So sollte es noch mindestens bis 1873 dauern, bis die Organisation erste größere Veranstaltungen zu Wege brachte. **1871** existierte lediglich in Zeulenroda eine kleine ADAV-Ortsgruppe, während die SDAP im Land nur wenig Gewicht hatte. Bei der Reichstagswahl von 1871 war die Bewegung noch zu unbedeutend, um einen eigenen Kandidaten aufzustellen. Die meisten Arbeiter wählten daher einen Bewerber der Demokratischen Partei, welcher dann auch in den Reichstag einzog. Erst das Übergreifen der Bewegung auf Greiz und die relativ schnelle Einigung zwischen Lassalleeanern und Eisenachern hatten die Sozialdemokraten **1874** in die Lage versetzt, erstmals mit einem eigenen Kandidaten in den Reichstagswahlkampf zu starten. Der Erfolg der Bewegung war ausserordentlich. Ein Mandat wurde nur knapp verfehlt. **1877** gelang es der Organisation mit Wilhelm Blos für Reuß ä.L. in den Reichstag einzuziehen. Damit war das Land neben Preußen und Sachsen das dritte Reichsland überhaupt mit einem sozialdemokratischen Mandat.

Diesem Erfolg wirkten die etablierten Parteien bei der Wahl **1878** entgegen, indem sie einen gemeinsamen Kandidaten aufstellten.

1880er Jahre: Die Sozialistengesetze konnten zu keiner Zeit den Aufschwung der Bewegung stoppen. Das Land blieb eine rote Hochburg. Weil es schon immer ein Vereinsverbot gegeben hatten, mussten sich die Akteure bei ihrer illegalen Arbeit nicht sonderlich umstellen. Man traf sich auch weiterhin in einschlägigen Tarnorganisationen und diversen Leseclubs. Die Beerdigungsfeierlichkeiten von Parteimitgliedern wurden erfolgreich als Plenum genutzt. Aus diesem Grunde verbesserten sich die sozialdemokratischen Reichstagswahlergebnisse von mal zu mal, auch wenn es, ebenso wie in anderen Reichsteilen, viele Sympathisanten gab, die der Bewegung den Rücken zukehrten. Dennoch zwang das Verbot die Aktivisten im großen und ganzen dazu, ihre Aktivitäten zu optimieren, sich besser zu organisieren und wirkte sich befruchtend auf die Bewegung aus. Wie sehr die Etablierten an die Wirksamkeit des Sozialistenverbots glaubten, zeigt der Umstand, dass sie bei der Reichstagswahl von **1881** nicht mehr für nötig hielten, zusammenzuarbeiten. Weil die Sozialdemokraten bei den Wahlen auch von Großbürgern, die gegen die Nationalliberalen waren, unterstützt wurden, war es nicht schwer, das Reichstagsmandat zurückzugewinnen. Hatte noch 1878 ein Zusammengehen der konservativen Kräfte einen Wahlsieg der Sozialdemokraten verhindern können, reichte diese Vereinigung bei der Reichstagswahl von **1884** nicht mehr aus. Die reußischen Sozialdemokraten erhielten mehr Stimmen als alle drei bürgerlichen Parteien zusammen. Die Zusammensetzung der Interessengruppen im Reichstagswahlkampf im Reuß ä.L. War variabel und wurde von Pragmatismus, lokalen Besonderheiten (Greizer Abneigung gegen Kandidaten aus Zeulenroda und umgekehrt), sowie von der Politik der Parteien auf Reichsebene bestimmt (Schutzzollpolitik). Dennoch stehen die Ergebnisse des reußischen Wahlkampf im großen und ganzen mit den Gesamterfolgen/ Niederlagen der Sozialdemokraten auf Reichsebene im Einklang. Vor allem die bürgerlichen Interessengruppen waren örtlich begrenzt, ihre Zielsetzungen von Alltagszwängen durchsetzt, so dass sie sich gegen die reichsweit agierende Sozialdemokratie letztlich nicht durchsetzen konnten. Die reichsweite Rezession um **1887** setzte auch der reußischen Sozialdemokratie zu. Das Mandat für den Reichstag musste nach den Wahlen erneut abgegeben werde. Dies zeigt, dass die Arbeiterbewegung in einer wirtschaftlichen Aufschwungphase schneller wuchs als bei Rezessionen, da diese den finanziellen Rückhalt der Akteure angriffen.[1] So wird es verständlich warum die reußischen Weber gerade während der Konjunkturphase zu Beginn der 1880er Jahren streikten.

Die fehlenden gewerkschaftlichen Organisationen bzw. der Unmut vieler Arbeiter, die relativ hohen Beiträge dafür zu zahlen, setzten den Erfolgen der Streikbewegung von vorneherein Grenzen.

Besonders die überzogene Reaktion der Regierung, die mit preußischen Soldaten die Bewegung niederschlagen wollte, zeigt wie weit man trotz aller informeller Organisation im Fürstentum tatsächlich gehen konnte. Eine enge Verbindung zwischen Parteifunktionären und der Gründung von Ortsgruppen für die Gewerkschaften konnte auch für Reuß ä.L. konstatiert werden, allerdings erst nach jahrelanger Verspätung und offensichtlichem Nichtteilnahmewillen breiter Arbeiterschichten.

1890 – 1903: Während sich der Aufschwung der Bewegung auf Reichsebene nach der Aufhebung der Sozialistengesetze ungebrochen fortsetzte, stürzte die reußische Sozialdemokratie ausgerechnet zu dieser Zeit in ihre schwerste Krise. Der Streit um das Missmanagement des Zeulenrodaer Konsumvereins entzweite die Genossen und warf die Kraft der Bewegung auf ihre Gründerzeit zurück. Die Reichstagswahlergebnisse für die **1890**er Jahren hingegen scheinen davon unbeeinflusst geblieben zu sein. Nach dem Tod Heinrichs XXII. [**1902**] fielen auch die wesentlichsten Beschränkungen für die Fundamentalpolitisierung im Fürstentum. Mit 30 jähriger Verspätung durften nun politische Vereine gegründet werden, deren Veranstaltungen allerdings nach wie vor anmeldepflichtig blieben. Die sozialdemokratischen Ortsorganisationen waren nun endlich auch offiziell in der straff organisierten reichsweiten Bewegung angekommen. Eine enge Verknüpfung der lokalen Bewegung mit anderen regionalen Zentren war zu jeder Zeit gegeben. Die Lassalleeaner arbeiteten mit Leipziger, die „Eisenacher" mit Hamburger Vereinen zusammen. Eine große Rolle bei der Knüpfung dieser „Netzwerke" spielten auch die vielen von anderswo emigrierten Genossen, die den zum Teil „betriebsblinden" Ortsvereinen immer wieder neue Handlungsimpulse zu geben vermochten.

III.7. Bibliographie

1. **Beck**, Friedrich: Die wirtschaftliche Entwicklung in der Stadt Greiz während des 19. Jahrhunderts, Weimar 1955.

2. **Blos**, Wilhelm: Denkwürdigkeiten eines Sozialdemokraten, Bd. I (II), München 1914 (1919).

3. **Feustel**, Franz: Aus der Vergangenheit des Greizer Textilgewerbes, Berlin 1940.

4. **Grebbing** Helga: Geschichte der deutschen Arbeiterbewegung, Bonn, 1970.

5. **Hess**, Ulrich: Die sozialdemokratische Presse in Thüringen bis zum Fall des Sozialistengesetzes, in: Rudolstädter Heimathefte (1959), S. 275-295.

6. **Ders.**: Geschichte Thüringens 1866 – 1914 (Hg. von Volker Wahl), Weimar, 1991.

7. **Hüllemann**, Herbert: Die Geschichte der Rittergüter in Reuß ältere Linie, Jena, 1919.

8. **Joseph** Henriette, Porada Haik Thomas, (Hg.): Das nördliche Vogtland – Eine Landeskundliche Bestandsaufnahme im Raum Greiz, Weida, Berga, Triebes, Hohenleuben, Elsterberg, Mylau und Netzschkau, Köln, 2006.

9. **Klein**; Sven, Michael: Heinrich XXII., Greiz, 2002.

10. **Kocka**, Jürgen: Lohnarbeit und Klassenbildung, Arbeiter und Arbeiterbewegung in Deutschland 1800 – 1875, Bonn 1983.

11. **Krause**, Horst: Wilhelm Blos. Zwischen Marxismus und demokratischen Sozialismus in Geschichtsschreibung und Politik, Husum, 1980.

12. **Mailbeck**, Robert: Die verspätete Industrie – Wirtschaft und kommunale Entwicklung in Neustadt an der Orla im 19. Jahrhundert, Weimar u. a., 2006.

13. **Mehring**, Franz: Die Deutsche Sozialdemokratie – Ihre Geschichte und ihre Lehre, Dresden 1877.

14. **Messerschmidt**, Jürgen: Die Anfänge der Sozialdemokratie im Altkreis Schmalkalden, in: Schmalkaldener Geschichtsblätter 9 (2002), S. 80-99.

15. **Miller**, Susanne, u.a.: Geschichte der deutschen Arbeiterbewegung – Ein Lern- und Arbeitsbuch, Bonn 1984.

16. **Querfeld**, Werner: Kultur und Vereinsleben der Stadt Greiz während des 19. Jahrhunderts – Ein Beitrag zur Geschichte des Partikularismus in Deutschland, Jena, 1957.

15. **Ritter**; Gerhard, A., u.a.: Das Wahlrecht und die Leserschaft der Sozialdemokratie im Königreich Sachsen 1867 – 1914, in: Der Aufstieg der deutschen Arbeiterbewegung (Hg. Von Gerhard, A. Ritter u.a.), München, 1990, S. 49-107.

17. **Schmidt**, Berthold: Die Geschichte der Stadt Schleiz, Band 3, Schleiz, 1909.

18. **Schmidt**, Friedrich Lorenz: **Die Geschichte der Arbeiterbewegung der Stadt Zeulenroda**, Teil I, in: Jahrbuch des Kreismuseums Hohenleuben-Reichenfels 6 (1957), S. 47-140.

19. **Schneider**, Friedrich: Aus den Tagen Heinrichs XXII., Aktenstücke, Aufzeichnungen, Briefe, Jena, 1921.

20. **Schröder**, Wilhelm, Heinz: Sozialdemokratische Parlamentarier in den deutschen Reichs- und Landtagen 1867 – 1933, Düsseldorf, o.J..

III.8. Quellennachweise

[1] **Ancien Regime** (franz. in etwa: altertümliche Herrschaft) nannte man die feudal-absolutistischen Regierungssysteme Europas vor der Französischen Revolution von 1789. Später wurden mit dieser Bezeichnung „veraltete" zumeist patriarchalisch ausgerichtete Regierungssysteme geschmäht, die einen „Landesvater" mit weitgehenden Befugnissen an der Spitze hatten.

[2] Vgl. Blos, Wilhelm: Denkwürdigkeiten eines Sozialdemokraten, Bd. I (II), München 1914 (1919), S. 207.

[3] Vgl. Beck, Friedrich: Die wirtschaftliche Entwicklung in der Stadt Greiz während des 19. Jahrhunderts, Weimar 1955, S. 207.

[4] Vgl. Hess, Ulrich: Geschichte Thüringens 1866–1914 (Hg. Von Volker Wahl), Weimar, 1991, S. 101.

[5] **Partikularismus** bedeutet in etwa, dass sich Regionen gegen eine zu große Einflussnahme des (Zentral)- Staates zur Wehr setzen.

[6] **Subkultur**: Etwa wenn Nachbarn, Kollegen, Partei- oder Vereinsgenossen so sehr untereinander verkehren, dass sie sich nach aussen abschließen und eigene Umgangsformen entwickeln. Nach dem Motto: „Gleich und Gleich gesellt sich gern."

[7] Auch wenn es parallel dazu weiterhin eigenständig wirtschaftende Handweber gab.

[8] Vgl. Beck, S. 207ff..

[9] Vgl. Werner: Kultur und Vereinsleben der Stadt Greiz während des 19. Jahrhunderts, Jena, 1957, S. 162.

[10] Hüllemann, Herbert: Die Geschichte der Rittergüter in Reuß ältere Linie, Jena, 1939, S. 219- 22.

[11] 1850 waren an die 5000 Einwohner noch etwa 5.200 Parzellen verteilt gewesen. Vgl. Schmidt, S. 51.

[12] **D**er Fürst sollte den späteren Eisenbahnanschluss in den 1880er Jahren von einem Bündnis der Zeulenrodaer gegen die Nationalliberalen abhängig machen. Die einem Fürsten der jüngeren reußischen Linie [zu Schleiz] später unterstellte Aussage: „Wir brauchen keine Eisenbahn, wir fahren wir der Kutsche!" steht dem Bemühen der Reußen entgegen, so früh wie möglich einen Eisenbahnanschluss zu bekommen. Während Greiz ohnehin an der geplanten Eisenbahntrasse lag, wurde der Anschluss von Schleiz erst Ende der 1880er Jahre realisiert, wo sich die mit der Eisenbahn oft einhergehenden Industrie-Ansiedlungen längst anderswo etabliert hatten.

[13] Als **Etablierte** bezeichnet man Angehörige der wirtschaftlich und gesellschaftlich führenden Familien. Dazu gehörten Handwerksmeister, Beamte, oder Honoratioren. Für diese waren die Fabrikarbeiter, als neue soziale Gruppe Aussenseiter. Das schließt jedoch nicht einen sozialen Wandel aus. Wie im Vorfeld erwähnt, mussten bisher etablierte bzw. angesehene Strumpfwirkermeister, nach Aufgabe ihres Geschäfts zu Fabrikarbeitern devancieren. Im Gegenzug konnten Fabrikarbeiter durch ihre Führungspositionen im Betrieb zu Etablierten werden und sich durch Wahlverhalten und Mentalität gegenüber ihren ehemaligen Kollegen abgrenzen. Allerdings waren solche sozialen Karrieren ebenso mühsam wie selten. (Zum Thema Machterhalt durch „pars pro toto"-Difamierung und „selbstlaufende" Unterdrückung von Bevölkerungsgruppen siehe: Norbert Elias, John L. Scotson: Etablierte und Außenseiter, Frankfurt, 1990.

[14] Vgl., Hüllemann, S. 964- 70, 1059f.., Blos I, S. 204.

[15] Vgl. Blos I, S. 207f..

[16] Vgl. Hess, Thüringen, S. 248.

[17] **Unitarismus** – Von der Reichsregierung ausgehende Bestrebungen, das Kaiserreich administrativ unter eine zentrale Führung zu stellen. Dies geschah auf Kosten der Reichsfürsten, die in ihrem Gebiet nach und nach an Einfluss verloren.

[18] **S**elbst Reuß j. L. zu Gera hatte die kleindeutsche Lösung ohne Zögern unterstützt. Dabei sah es seinen Fortbestand in der Annäherung zu Preußen, während die ältere

Linie lange Zeit dem Hause Habsburg zugetan blieb. Vgl. Querfeld, S. 178.

[19] Blos I, S. 204.

[20] Wilhelm Blos verspottete 1877 im Reichstag die Reichspolitik seiner Landesregierung, indem er die Ablehnung des Krankenkassengesetzes von Reuß ä.L. scherzhaft mit dem Aufruf karikierte, den Regierungspräsidenten doch mit der Ausführung jenes Gesetzes zu verschonen, weil er, der schon alle Ministerien in einer Hand vereinige, sonst überfordert sei. Vgl. Blos II, S. 31.

[21] Vgl. Klein, S. 38.

[22] Vgl. Hess, Thüringen, S. 248f.. Die Reußen entstammen einem 1122 erstmals erwähnten Ministerialengeschlecht, das im 12. Jahrhundert von Kaiser Barbarossa bzw. seinem Nachfolger die Vogtei über weite Reichsterritorien im Pleißenland erhalten hatte. Der 1174 urkundlich erwähnte Heinrich (II.) von Weida, genannt ›der Reiche‹, verfügte um 1200 über einen Herrschaftsbereich, der – allerdings noch immer mit fremden Herrschaftsrechten durchsetzt – den Raum um Gera, Ronneburg, Weida, Greiz und Plauen. sowie wahrscheinlich auch Besitzungen bei Hof und im Egerland umfasste. Seine drei Söhne teilten das Land bis 1244 in die Linien Weida, Gera und Plauen. Mit dem kaiserlichen ›großen Regalienbrief‹ von 1329 stiegen die Vögte de facto in den Rang erblicher Reichsfürsten auf, konnten diese Position aber nur bis zum verlorenen Vogtländischen Krieg 1354–1359] gegen die Wettiner und Kaiser Karls IV. [1346–1358], denen sie als ›Aufsteiger‹ zu mächtig geworden waren, erhalten. Danach devancierten sie in eine Art Zwischenstellung, waren zwar keine wirklichen Reichsstände mehr, aber auch keine bloßen markgräflichen Vasallen. Nach Aufhebung der Reichsvogtei 1404 wurden aus den Vögten dann die ›Herren‹ von Weida, Gera und Plauen. (Vgl. Henriette Joseph, Haik Thomas Porada, (Hg.): Das nördliche Vogtland – Eine Landeskundliche Bestandsaufnahme im Raum Greiz, Weida, Berga, Triebes, Hohenleuben, Elsterberg, Mylau und Netzschkau, Köln, 2006.) Die Vögte von Gera erwarben von ca. 1240–1320 von den Herren von Lobdeburg noch die Herrschaften Saalburg, Lobenstein, Schleiz und Hirschberg hinzu. Sie starben 1550 aus. Die Vögte von Weida, als ehedem mächtigste Vogtslinie, mussten nach 1357 ihre Hofer Gebiete an den Burggrafen von Nürnberg und bis 1427 ihr Weidaer Stammland an den Markgrafen von Meißen verkaufen. Sie erloschen 1532. Die Plauensche Linie zerfiel nach 1303 in einen älteren Zweig zu Plauen [den späteren ›Burggrafen zu Meißen‹] und einen jüngeren Zweig zu Greiz, den ›Reußen‹. Letztere wurden nach dem Schmalkaldischen Krieg 1547 von Kaiser Karl V. [1520–1555] entmachtet, auf ihre Kranichfelder Besitzungen verdrängt und der Rest ihres Landes [Greiz ganz, das Geraer Erbe halb] dem Burggrafen von Meißen übertragen, der als böhmischer Erzkanzler in diesem Krieg eine wichtige Stütze der katholischen Partei gewesen war. Sein daraufhin gebildeter, zwischen Wurzbach bei Lobenstein im Westen und Adorf in Osten weitgehend zusammenhängender ›Burggrafenstaat‹, der auch ehedem vögtische und später wettinisch gewordene Gebietsteile umfasste, bestand nur eine Generation und fiel nach dem Tod seines letzten Sohnes 1572 teils als sächsisches Vogtland an die Wettiner, teils in Gestalt der Herrschaften Greiz, Gera, Hohenleuben, Schleiz, Saalburg, Lobenstein u.a. endgültig an die Reußen, die diese Gebiete allerdings von der Krone Böhmens als Reichsafterlehen annehmen mussten. Damit war ihre Reichsunmittelbarkeit gesichert. Kaum hatten die Reußen einen Teil ihres Besitzes [Lobenstein war noch verpfändet, Schleiz, Saalburg, Burgk kamen erst 1590 ganz in ihre Hand] zurückerhalten, schritten sie auch schon zur Landesteilung und bildeten eine ältere, eine mittlere und eine jüngere Linie und damit die drei Teilstaaten Reuß-Untergreiz, Reuß-Obergreiz [bis 1616] und Reuß-Gera [bis 1647] heraus. Die ältere Linie zerfiel 1583 in zwei Zweige, wovon eine die Häuser Untergreiz-Burgk und Untergreiz-Dölau,

die andere das Haus Untergreiz zu Untergreiz begründete. Nachdem die mittlere, ab 1596 zu Schleiz regierende Linie 1616 erloschen war, fielen Schleiz und Saalburg an die jüngere Linie, die Herrschaft Obergreiz mit Zeulenroda dagegen an die ältere Linie. Deren Vertreter verwalteten das Erbe zunächst gemeinsam, teilten aber ihren Besitz 1625 dahingehend neu auf, dass in der Folge die Häuser Untergreiz [bis 1768], Dölau [1636 an Burgk], Burgk [1640 an Untergreiz] und Obergreiz [bis 1927] entstanden. Das Haus Untergreiz teilte sich 1668 noch einmal in die Herrschaften Burgk [1697 an Untergreiz], Rothenthal [1698 an Untergreiz] und Untergreiz [1768 an Obergreiz]. Das Haus Obergreiz bildete 1694 die beiden Zweige Dölau und Obergreiz heraus, wobei letztere 1698 wieder an Obergreiz zurückfiel, das ab 1768 als einziges noch existierendes Haus der älteren Linie übrigblieb. Im Gegenzug teilte sich 1647 die jüngere, vordem in Gera residierende Linie – wichtige Zentralbehörden ebenda beibehaltend – in die Zweige Gera [bis 1802], Schleiz [bis 1945], Saalburg [bis 1666] und Lobenstein. Letzteres teilte sich 1678 wiederum in die Häuser Lobenstein-Hirschberg [bis 1711], Lobenstein-Ebersdorf [bis 1853] und Lobenstein-Lobenstein. Letzteres zerfiel 1715 schließlich in die Zweige Lobenstein [bis 1805] und Selbitz [bis 1824]. Nachdem alle reußischen Häuser 1678 in den Reichsgrafenstand avanciert waren, erfolgte 1778 die Fürstung der älteren Linie, während von der jüngeren Linie 1790 Lobenstein und 1806 die anderen Häuser in den Reichsfürstenstand erhoben wurden. Der letzte Fürst von Reuß-Ebersdorf dankte in den Revolutionswirren von 1848 zugunsten des Hauses Schleiz ab, das darauf seine Hauptresidenz nach Gera verlegte. Im Jahre 1913 umfasste das Fürstentum Reuß jüngere Linie 826 km^2 und zählte 152.765 Einwohner. In der Hauptsache bestand es aus zwei getrennten Gebieten, der Unterherrschaft Gera mit Exklaven in Hohenleuben und Triebes und der zusammenhängenden Oberherrschaft Schleiz-Lobenstein.

[23] Vgl. Klein, S. 5f..

[24] Vergl. Schmidt, S. 52f..

[25] Vgl. Hess, Thüringen, S. 249; Querfeld, S. 178. Im Zuge der Einigung der deutschen Länder standen sich im großen und ganzen zwei Konzepte gegenüber, die von Österreich verfolgte „**großdeutsche Lösung**" mit der Donaumonarchie, als Teil des zu schaffenden Deutschen Reiches und die später von Preußen im Krieg von 1866 durchgesetzte „kleindeutsche Lösung" ohne Österreich.

[26] Vgl. Klein, S. 51, Querfeld, S. 178.

[27] Diese Tradition führte Heinrich XXII. weiter, der neuen Technologien weniger geneigt war und gegen die „**gefährlichen und belästigenden Anlagen**" in seiner Stadt eintrat. Resolution Heinrichs XXII. vom 24.07.1869, zitiert bei Beck, S. 130.

[28] Die Gewerbeordnung der Thüringischen Staaten von 1861 kam in Reuß ä.L. erst 1868 zur Geltung. Vgl. Hess, Thüringen, S. 96.

[29] Im Gegenzug war die „Montanindustrie" des Fürstentums in Gestalt der Hochöfen, Hammerwerke und dazugehörigen Bergwerke an der oberen Saale dem Aufkommen der aus dem Ausland einströmenden Produkte bis etwa 1853 vollkommen erlegen.

[30] Vgl. Schmidt, S. 51. Bei der wirtschaftlichen Entwicklung der Neubundesländer seit 1990 lässt sich eine ähnliche Entwicklung konstatieren. Auch die ostdeutschen Gründer verfügten angesichts der ungeheuren Marktchancen über zu geringe Kapitalrücklagen und fochten den Kampf um ihr Establishment vielerorts auf dem Rücken ihrer Mitarbeiter aus.

[31] Die Nationalliberalen hatten die Tür ihres Stammlokals, auf die Heinrich XXII. von seinem Speisesaal aus bei jeder Mahlzeit blicken musste, in den Parteifarben schwarz- weiß gestrichen. (Vgl. Blos I, S. 204.) Die Versuche der Regierung dieses Ärgernis zu beseitigen, reichte von Strafmandaten bis zu nächtlichen Aktionen. Dabei wird ein gewisses Licht auf die reußische Exekutive und deren Ohnmacht gegenüber überlegenen Konzeptionen von auf Reichsebene agierenden Gruppen, wie Sozialde-

mokraten und Nationalliberalen geworfen. Damit ergaben sich trotz Verbots Freiräume, die es in einem administrativ durchorganisierten Land wie Preußen, so nicht gegeben hätte.

[32] Das so etwas ohne den Widerstand der Untertanen überhaupt durchführbar war, wirft einen bezeichnenden Blick auf die politische Mentalität der Bevölkerung zu dieser Zeit.

[33] Vgl. ebd., S. 251.

[34] Vgl. Schmidt, S. 64.

[35] In Übereinstimmung mit dem Vereinsgesetz des Bundestages zu Frankfurt/ Main vom 13.7.1854 musste Reuß ä.L. eine Verordnung über das Vereinswesen erlassen (28.4.1855), die in ihrer Härte weit über die mehr allgemein gehaltenen Bundesbestimmungen hinausging. Nur eingetragene Vereine mit redlichen Zielen hatten eine Chance. Alle Versammlungen waren anmeldungspflichtig und wurden polizeilich überwacht. Auf die Entschärfung dieser Bestimmungen durch die Regelungen des Norddeutschen Bundes 1869 reagierte Reuß ab 1870 hintertriebig mit der schrittweisen Wiedereinführung des alten Gesetzes von 1855. (Vgl. Querfeld, S. 117.)

[36] Erst ab dem 19. Jahrhundert finden sich Frauen in den Quellen und Urkunden auf breiterer Basis wenigstens namentlich erwähnt. Davor waren sie nur als „Anhängsel" ihrer Männer [„Hermann Schenk mit Frau"] vertreten gewesen. Zwar durften sie beim Tod des Gatten mit erben und auch den Betrieb [freilich unter Aufsicht eines männlichen Vertreters] weiterführen, mussten sich aber in allen Rechtssachen durch kridische Vormünder vertreten lassen. Warum etwa dem Frauenwahlrecht lange Zeit so heftiger Widerstand entgegengesetzt wurde, war der Umstand, dass man sich damals nicht vorstellen konnte, dass der häusliche Frieden durchaus gewahrt bleiben konnte, wenn die Ehegatten verschiedene Parteien wählten.

[37] Dieser Umstand entspricht dem thüringischen Polit-Alltag: Der preußische Landrat im Altkreis Schmalkalden konnte noch 1881 nach Kassel melden, dass von sozialdemokratischen Tendenzen nichts zu verspüren sei. Vgl. Messerschmidt, Jürgen: Die Anfänge der Sozialdemokratie im Altkreis Schmalkalden, in: Schmalkaldener Geschichtsblätter 9 (2002), S. 80. Den ersten sozialdemokratischen Landtagsabgeordneten gab es nicht, wie man vermuten könnte, in Sachsen, sondern in Schwarzburg-Rudolstadt. Vgl. Schröder, Wilhelm, Heinz: Sozialdemokratische Parlamentarier in den deutschen Reichs- und Landtagen 1867–1933, Düsseldorf, S. 99.

[38] Vgl. Hess, Thüringen, S. 248- 252.

[39] Erst aus den 1880er Jahren kennen wir eine Arbeiterwahlliste.

[40] Die Wahlberechtigten wählten einen sogenannten **Wahlmann**, der meist ein angesehener Bürger war. Dieser durfte dann kraft dieser Befugnis seine Stimme eine der aufgestellten Parteien geben. Der Wahlmann musste dabei nicht die Interessen seiner Wähler vertreten, konnte es sich aber längerfristig nicht erlauben, gegen seine Wähler zu handeln.

[41] In der Zeit der Industrialisierung kam es infolge von Rationalisierung und Massenproduktion zu einer **Umstrukturierung des Sozialgefüges** innerhalb der Mittelschicht, indem die ehemals sozial homogenen Handwerkerzünfte der betroffenen Gewerke zerbrachen. Das schuf Gewinner und Verlierer. Wenigen sozialen Karrieren vom Handwerker zum Fabrikbesitzer standen bedeutend mehr soziale Abstiege vom angesehenen Meister zum Fabrikarbeiter gegenüber.

[42] Vgl. Schmidt, S. 55.

[43] Blos (1877) berichtet von einem Weber, der lediglich 6 Mark die Woche verdiente, ein Schwein im Stall hatte und etwas Land besaß.

[44] Vgl. Mailbeck 2006; Beck, S. 160.

[45] Vgl. Querfeld, S. 153.

[46] **Sozialgesetzgebung:** Reichskanzler Otto von Bismarck setzte in den 1880er

Jahren soziale Reformen, wichtige Vorläufer jenes Sozialstaates, der später in der Bundesrepublik zum Tragen kam, durch. Damit sollte nicht nur die mittlerweile eskalierende soziale Misere im Reich infolge des ungehemmten wirtschaftlichen Aufschwungs gemildert werden. Eher ging es darum, den Unterschichten keinen Grund mehr zu geben, sich gegen das Establishment zu organisieren. Ebenso gingen – freilich nichzuletzt als Reaktion von politischen Bewegungen an der Basis – alle weiteren Sozialreformen in Deutschland – bis auf wenige Ausnahmen – von der Regierung aus, bis hin zur weitgehenden Demontierung des Sozialstaates nach der Jahrtausendwende – ausgerechnet durch eine, zu weiten Teilen getragenen Sozialdemokratische Regierung, unter [neo]liberalistisch orientierter Intention.

[47] Vgl. Feustel, S. 110f..

[48] **Dies** drückt sich auch in der medizinischen Versorgung der Bevölkerung aus. Mit einem Arzt für je 3.700 Einwohner herrschten im Fürstentum fürwahr Zustände, wie sie heute vornehmlich in Entwicklungsländern anzutreffen sind. (Vgl. Hess, Thüringen, S. 142.) **A**llerdings war dies eher dem damaligen Mangel an Ärzten geschuldet, die sich gemeinhin dort niederließen, wo sie von ihren Einnahmen auch entsprechend leben konnten. So erfahren wir anhand eines Beispiels aus dem Fürstentum Reuß-Ebersdorf aus den 1830er Jahren, dass der einzige Arzt des Residenzortes abwanderte, weil an den armen Leuten dort nichts zu verdienen war, weil diese die Arztrechnungen mitunter nur zum Teil, oft genug überhaupt nicht bezahlten. Demzufolge spielten Naturheiler, vorallem aber Apotheker im reußischen Gesundheitswesen selbst noch in diesen Tagen eine große Rolle.

[49] **Sie** forderten einen Kredit von 12.000 Thalern. (Vgl. Jahresverdienst eines Webarbeiters 70 Thaler.)

[50] Vgl. Beck, S. 156- 160.

[51] Vgl. Querfeld, S. 153f..

[52] **Die** ersten pro-politischen Vereinigungen waren gesellige Verbindungen, wie der 1866 in Zeulenroda initiierte Arbeitergesangsverein „**Liederkranz**". Allerdings ist von deren politischem Wirken nichts bekannt. Erst in den 1870/80er Jahre dienten solche Vereine der Bewegung als politische Tarnorganisation. Wilhelm Blos hat bei seinen Aufenthalten in Zeulenroda in diesem Milieu lang und gern verkehrt. Vgl. Tagebuch Ferdinand Schmidt, zitiert bei: Schmidt, S. 72.

[53] Vgl. Schmidt, S. 60.

[54] **So** verpflichteten sich die Unternehmer 1867 in den nächsten 2 Monaten keine Ungelernten oder Mädchen einzustellen. Vgl. Beck, S. 123, 127. **M**it der Gründung der Handelskammer 1874 war das Ende der Innungen gekommen.

Die liberalste Gewerbeordnung aller thüringischen Staaten erließ, nach dem Vorbild der Sächsischen Gewerbeordnung, das Großherzogtum Sachsen-Weimar-Eisenach im Jahre 1863 und damit 50 Jahre nach der Einführung der Gewerbefreiheit in den damaligen Rheinbundstaaten. „Die wichtigsten Ergebnisse des Gesetzes war die fast vollständige Einführung der inländischen Freizügigkeit und die Auflösung des Zunftwesens. Konzessionen waren nur noch in Ausnahmen einzuholen und gewerbliche Neugründungen wurden nur noch wenig beschränkt. Die Innungen existierten weiter als öffentlich-rechtliche Genossenschaften – eine Bestimmung, die erst während der 1880er Jahre reichsweit gelten sollte. ... Die Einführung der Gewerbefreiheit bildete eine der bedeutendsten staatlichen Maßnahmen zur Schaffung unternehmerfreundlicher Bedingungen. Aber bereits die Auflösung grundherrlicher Rechte seit 1821 und der Beitritt zum Zollverein 1833 hatten die Vorbedingungen für eine industrielle Entwicklung ... [geschaffen]. »Als Aufgaben verbleiben den Innungen gewerbliche Streitigkeiten zu schlichten sowie die Förderung und Verwaltung von Fortbildungsschulen. Sie besaßen damit weiter einen hohen Einfluß auf das Ausbildungswesen." (Robert Mailbeck: Die verspätete Industrie – Wirtschaft und kommunale Entwicklung in Neu-

stadt an der Orla im 19. Jahrhundert, in: Beiträge zur Geschichte und Stadtkultur, Band 14, Weimar u. a. 2006, S. 51.)
In Reuß j. L. kam die neue Gewerbeordnung am 23. April 1863 zum Tragen. Nur dem Fürsten Heinrich XXII. von Reuß ä. L. gelang es, die Durchsetzung der Thüringer Gewerbeordnung in seinem Land bis 1868 hinauszuzögern, verhindern konnte er sie aber nicht. Doch bleibt festzustellen: „Die vollständige Gewerbefreiheit wirkte dann aber für das Handwerk auch nicht günstig, indem nicht allein ungelernten Stümpern Tür und Tor geöffnet wurde, sondern auch der Hausierhandel mit schlechter Ramschware überhandnahm. Deshalb gestattete man bald einzelnen Handwerken sich zur Wahrung ihrer Interessen zu neuen freien Innungen zusammenzutun. Für andere wurden sogar Zwangsinnungen eingeführt und seit dem Reichsgesetz vom 30. Mai 1908 wird an Stelle des ehemaligen Meisterstücks der ›Befähigungsnachweis‹ gefordert, wodurch sich allmählich bessere Zeiten, wenigstens für die vom Groß- und Fabrikbetrieb verschonten Gewerke ergaben." (Berthold Schmidt: Die Geschichte der Stadt Schleiz, Band 3, Schleiz 1909, S. 248.)

[55] **Die Einschränkung der Kinderarbeit** erfolgt weniger aus humanitären Gründen. Wie am Beispiel Preußen zu ersehen ist, waren vornehmlich die Militärbehörden gegen Kinderarbeit eingestellt, weil immer mehr Wehrdienstpflichtige wegen schweren Körperschäden ausgemustert werden mussten.

[56] Vgl. Querfeld, S. 123, 126ff., 153f., 156ff..

[57] An dieser Stelle bietet sich **ein kurzer Abriss der Entwicklung der Arbeiterbewegung auf Reichsebene** an: Die Funktionäre der Arbeiterbewegung auf Reichsebene handelten keinesfalls in Einklang. Von mehr oder weniger radikalen Splittergruppen abgesehen, gab es

zwei gegensätzliche Richtungen: Die Genossen um **August Bebel** und Franz Mehrung von der **Eisenacher Sozialdemokratischen Arbeiterpartei** strebten eine Verbesserung der Lebenssituation der Arbeiter im Einvernehmen mit Wirtschaft und Regierung an. Sie rangen um die Anerkennung der Arbeiterschaft als soziale Gruppe. Man kämpfte um Mitbestimmung und wollte keine Throne stürzen.

Die Anhänger **Ferdinand Lassalles** vom **Allgemeinen Deutschen Arbeiterverein** hingegen träumten von einer Art sozialistischer Zukunft, die nur zustande kommen könne, wenn Staat und Wirtschaft rigoros verändert würden. Solche Ideen waren nicht im Interesse der Regierenden und der Unternehmer, weswegen die Lassalleschen Ideen rigide bekämpft wurden. Leuten wie August Bebel hingegen war es klar, dass ihre Bewegung nur dann Erfolg haben könnte, wenn die etablierten Machthaber nicht abgesetzt, sondern zum Dialog herangezogen würden.

So wundert es nicht, dass die Bewegung Lassalles nach seinem Tod – übrigens im Duell um eine adelige Schöne – bald zusammenbrach. Dies soll jedoch nicht bedeuten, dass es in der Partei Bebels nicht auch sozialistisches Gedankengut gegeben hätte. Bei den Sozialdemokraten gab es einen linken und einen rechten Flügel. Der große Verdienst der Parteigründer war es, trotz der ideologischen Gegensätze die Handlungseinheit der Partei bis zum Ersten Weltkrieg aufrecht erhalten zu haben.

[58] Hess, Ulrich: Die sozialdemokratische Presse in Thüringen bis zum Fall des Sozialistengesetzes, in: Rudolstädter Heimathefte (1959), S. 258.

[59] Vgl. Schmidt, S. 56f..

[60] **S**chmidt entnimmt diese Daten den Aufzeichnungen von Metz. Hess hingegen, dem Schmidts Arbeit vorlag, vermutet, dass vor 1871 im Fürstentum keine Organisation bekannt gewesen war. Vgl. Hess, Presse, S. 259.

[61] Vgl. ebd., S. 58f..

[62] **D**ass die Agitatoren der Fürstenpartei zu den ewig Gestrigen gehörten, zeigt der folgende – bieder gehaltene – Wahlaufruf für das Amt Burgk: „Unser Burgk ist das Land der armen Leute, aber treu wie Tirol zum Kaiserhaus...Wir murren und räso-

nieren nicht über unsere Landesregierung ... Wir wählen keine Radikalen in das Parlament."
[63] Vgl. ebd., S. 65.
[64] Die meisten Zeulenrodaer Arbeiter waren Weber und wirkten beinahe ausnahmslos bei Schopper. Vgl. ebd., S. 59, 65.
[65] Vgl. (Bürgerliches) Zeulenrodaer Wochenblatt vom 17.2.1871, zitiert bei Schmidt, S. 66.
[66] Auf Reichsebene errang der ADAV 60.466, die SDAP 41.461 Stimmen. Wie klein die Arbeiterbewegung damals noch war, zeigt der geringe Anteil an den Gesamtstimmen in Höhe von 3,1 %. Die „Reichstagsfraktion" verlor 5 Mandate und bleibt auf August Bebel beschränkt. Vgl. Schröder, S. 100.
[67] Vgl. ebd., S. 67.
[68] **Pariser Kommune** – Volksaufstand der Pariser Bevölkerung zur Zeit der Deutschen Belagerung der Stadt im Deutsch-Französischen Krieg 1870/71.
Die Bewegung war gegen die Politik Kaiser Napoleons III. gerichtet und prangerte die Korruption und Unfähigkeit der Pariser Eliten an. Die französische Administration war zunächst machtlos gegen den Aufstand. In dieser Situation ließ der deutsche Kriegsgegner starke französische Einheiten durch den Belagerungsring in die Stadt einsickern. Die Bewegung wurde blutig niedergeschlagen, die Mehrzahl der Gefangenen hingerichtet.
[69] Vgl. Schröder, S. 134.
[70] Vgl. Beck, S. 211.
[71] Laut Berichten des (bürgerlichen) Zeulenrodaer Wochenblattes. Im Vergleich: 1875 zählte die Ortsgruppe Chemnitz 600, Crimmitschau 500, Glauchau 200, Leipzig 800 Mitglieder. Diese Zahlen mögen auf dem ersten Blick gering sein, aber sie zeigen einerseits dass die Sozialdemokratie zu Beginn noch eine kleine Bewegung war, andererseits belegen sie die Bedeutung Zeulenrodas unter den „roten" Hochburgen. Vgl. Mehring, Franz: Die Deutsche Sozialdemokratie – Ihre Geschichte und ihre Lehre, Dresden 1877, S. 124.
[72] Vgl. Schmidt, S. 59- 63.
[73] Der Verein durfte mit fürstlicher Erlaubnis wöchentliche Versammlungen abhalten.
[74] In den thüringischen Ländern gab es die Tendenz, dass sich die Anhänger der Volkspartei im wesentlichen der SDAP anschlossen. Vgl. Hess, Thüringen, S. 258.
[75] Vgl. Schmidt, S. 68f..
[76] Seine Interessen waren: Arbeitsvermittlung, Schutz vor Unternehmerschikanen.
[77] Mit den Interessen:Förderung geistiger und leiblicher Interessen der Arbeiterschaft, Schutz des Privateigentums, Gewerbefreiheit, Anbahnung guter Beziehungen zum Arbeitgeber.
[78] Vgl. Querfeld, S. 157f., 166, 171.
[79] Die unteren Positionen der Arbeiterschaft wurden von Hilfs- und Gelegenheitsarbeitern besetzt, während Fach- und Vorarbeiter die Elite unter den Arbeitern stellten. Neuere Forschungen über die Geschichte der Arbeiterklasse (G. A. Ritter, H. Grebbing) gehen davon aus, dass gerade die Facharbeiter und die ehemals selbständigen Handwerksmeister Motor der Bewegung waren.
[80] Vgl. Beck, S. 161.
[81] Nur wenige Sozialdemokraten haben sich für ihre Bewegung mehr engagiert und mehr Entbehrungen auf sich genommen, als **Franz Kammigan**. Der Sohn eines Zigarettenarbeiters aus Köthen, war mit kaum 20 Jahren einer der Gründer des ADAV gewesen. Ihm war es gelungen, die Bewegung nach Holstein zu bringen. Zuvor hatte er für die Zigarettenmachergewerkschaft, eine der ersten Organisationen dieser Art überhaupt, eine breite Agitation betrieben, welche die Etablierung der Arbeiterbewegung in vielen Orten förderte. Vor seiner Kandidatur 1874 hatte er 5 Jahre in Anhalt gewirkt. Obwohl er sich mehrfach als Kandidat für Reichs- und

Landtage aufstellen ließ, war er trotz seines rastlosen Engagements, im Gegensatz zu Wilhelm Blos der einmal sogar ein Doppelmandat erringen konnte, nie gewählt worden. Nachdem er sich in Altona eine gesicherte Existenz aufgebaut hatte, geriet er in den Strudel der Sozialistenverfolgung, starb 1905 völlig verarmt, aber hoch angesehen, in Leipzig. (Vgl. Schmidt, S. 69.)

[82] „...halten wir uns verpflichtet, uns für den Kandidaten auszusprechen, welchen wir gegenüber den gefährlichen Tendenzen der Sozialdemokratie als den Kandidaten *der gesamten Ordnungspartei betrachten müssen...*" Verordnungsblatt 7/1874, zitiert bei Schmidt, S. 70.

[83] Vgl. Schmidt, S. 67- 71, Blos I, S. 209.

[84] Vgl. Schröder, S. 100f..

[85] Vgl. derselbe, S. 101.

[86] **Plenum** bedeutet ursprünglich soviel wie Vollversammlung und wird manchmal als Begriff für das Zusammentreten eines gewählten Gremiums gebraucht.

[87] Vgl. Blos I, S. 204.

[88] Vgl. Schmidt, S. 63f..

[89] Vgl. Querfeld, S. 157.

[90] wie Wilhelm Blos.

[91] **Dies** dürfte mit dem Umstand zusammenhängen, dass sich, trotz vieler negativer Nachrichten in der sozialdemokratischen Presse, der Lebensstandard der unteren Schichten zwischen 1870 und 1905 spürbar verbesserte. Es war mehr Geld und mehr Zeit für Geselligkeit und Information vorhanden. 1890 behielt der durchschnittliche deutsche Fabrikarbeiter immerhin schon etwa 4% seines Lohnes zur freien Verwendung übrig.

[92] Pressefreiheit in Reuß seit 12.5.1870. Vgl. Querfeld, S. 108.

[93] Vgl. Hess, Presse, S. 261- 265; Querfeld, S. 112.

[94] Was wiederum zeigt, wie klein die Bewegung in Reuß tatsächlich war.

[95] Vgl. Schmidt, S. 72- 75.

[96] Vgl. Hess, Presse, S. 267.

[97] Vgl. Schmidt, S. 71f..

[98] **Eine** überregionale Persönlichkeit wie Blos verdient an dieser Stelle eine kurze Lebensbeschreibung: **Wilhelm Blos** wurde am 5.10.**1849** im unterfränkischen Wertheim als Sohn eines Bezirksarztes geboren. Seine Mutter war eine wohlhabende Tuchhändlerstochter. Nach dem frühen Tod seines Vaters wurde Blos zwischen seinen Verwandten hin und her geschoben. Einmal musste er die Höhere Schule abbrechen, um zunächst eine Kaufmannslehre zu absolvieren. Dies ging nicht lange gut. Später studierte er Geschichte und Philologie, hielt es aber nicht lange an der Universität aus (**1869**). Nach einer Zwischenstellung als Zollvolontär fasste er im journalistischen Gewerbe Fuß. Zunächst schrieb er für bürgerliche Zeitungen. Freundschaftliche Beziehungen zu einem Druckereiarbeiter machten ihn für die sozialen Missstände der Arbeiterschaft sensibel (**1872**). Er mischte sich unter die Arbeiter und kam bald mit den Arbeiterführern Memminger und Grillenberger in Kontakt, zu denen er lebenslang freundschaftliche Beziehungen unterhielt. 1872 trat er der SDAP bei und arbeitete für einige Parteiblätter. Er redigierte **1874** stellvertretend für Liebknecht den „Volksstaat." 1873 vertrat Blos seine Zeitung auf dem Parteitag in Eisenach. **1875** trat er als Vertreter des Ortsvereins Mainz auf dem Gothaer Vereinigungskongress auf. Zwischen **1876** und **1878** arbeitete er für eine Hamburger Zeitung. Nach seiner Ausweisung aus der Stadt fand er in der Redaktion einer Gerichtszeitung sein Brot. Blos gehörte mit einer kurzen Unterbrechung von 1878–1881 durchgehend dem Reichstag an. und stieg neben Bebel, Kautsky und Bernstein zu den Meinungsführern der Partei auf. Zunächst hatte er sich mit den marxistischen Postulaten auseinandergesetzt und stand mit Friedrich Engels in

Briefwechsel. In den **1880**er Jahren hingegen stieß er zu den Gemäßigten an den Rand des rechten Parteiflügels, auch wenn er Bebel in einigem widersprach. Nach dem Weltkrieg wurde Blos **1919** zum ersten Staatspräsidenten Baden-Württembergs gewählt. Er starb am 6.7.**1927**. Blos vergeudete seine Kraft nie im politischen Tageskampf. Auch im Reichstag trat er nicht sonderlich hervor. Lieber agierte er als Publizist aus dem Hintergrund heraus. Wenn ihm auch bei seinen geschichtlichen Abhandlungen über die Revolutionen von 1789/ 1848 und 1871, das Mühsal der historischen Methode nicht genehm war, hat er doch viele spannende Erzählungen verfasst, die viel gelesen wurden. Seine Stärke bestand darin, auf Menschen einzugehen und sie mitzureissen, wie er es auch in den Wahlkämpfen getan hat. Als Autor hat er eine ganze Generation mitgeprägt. (Vgl, Krause, Horst: Wilhelm Blos. Zwischen Marxismus und demokratischen Sozialismus in Geschichtsschreibung und Politik, Husum, 1980, S. 7, 19- 28, 38- 41; Schröder, S. 373f..) Auch seine Auftritte, insbesondere im Zeulenrodaer Verein, wo er seinen andächtig an seinen Lippen hängenden Zuhörern über deren geistigen Horizont hinaus die Weite einer, ihnen zuvor vollkommen unbekannten Welt eröffnete, müssen in der Tat legendär gewesen sein.

[99] Vgl. Blos I, S. 204; Krause S. 41.

[100] Eine der liberalen Grundansichten bestand/besteht darin, dass die Öffnung des Marktes (z.B. Zollabbau) bzw. der Abbau aller Produktions- und Handelshemmnisse zu allgemeinen Wohlstand führen würde. Als seichterer Aufguss kommt diese Ideologie gegenwärtig im Gewand des „Neoliberalismus" daher und steht – obwohl in seiner Umsetzbarkeit wirtschaftswissenschaftlich höchst umstritten – gerade hoch im Kurs, weil sie eine der wenigen Legitimationen für den ungehemmten Siegeszug des „Raubtierkapitalismus" durch die Volkswirtschaften der Welt darstellt.

[101] Ein Wahlaufruf des konservativen Kandidaten Justizrats Dietel 1877: „Es ist heutzutage...eine Klage, dass die wirtschaftlichen Verhältnisse unseres deutschen Vaterlandes überaus traurig sind...Der nationalliberale Geist, der uns ohne allen Übergang... die grenzenlose Freizügigkeit... brachte, das Aktiengesetz schuf, mit welchen die „Gründer" mühelos dem Volk das Geld aus den Taschen gezogen ... den von ehrlicher Arbeit lebenden Mittelstand aufs schwerste geschädigt..." haben. (Schmidt, S. 70f..)

[102] Vgl. ebd..

[103] Vgl. Blos I, S. 205- 209.

[104] Die Konservativen unter Dieten scheinen im Wahlkampf weniger hervorgetreten zu sein.

[105] Vgl. Blos I, S. 209.

[106] Vgl. Schneider, S. 70ff..

[107] Blos I, S. 210.

[108] Vgl. ebd., S. 210, 230.

[109] Der Zeulenrodaer Funktionär Robert Schenk initiierte in den 1880/90er Jahren sogenannte Nichtbürgervereine mit dem Ziel den Mitgliedern das Bürgerrecht zu verschaffen. (Vgl. Schmidt, S. 115.) Selbst dass man heute, mir nichts, dir nichts, an einen anderen Ort ziehen kann, war noch im 19. Jahrhundert nicht einfach. Indem die Mitgliedschaft in einer Bürgergemeinde auch die Pflicht der letzteren zur Armenversorgung in Not geratener Mitglieder [bei Obdachlosigkeit etwa Unterbringung im Armenhaus] beinhaltete, suchte sich die Gemeindeverwaltung sehr genau aus, wem sie Zuzug gewehrte. Neben einem makellosen Sittenzeugnis war lange Zeit auch bestimmtes Vermögen die Grundvoraussetzung für die Erlangung des Bürgerrechts.

[110] Vgl. Schröder, S. 102f.; Blos I, S. 214.

[111] Vgl. Schmidt, S. 76.

[112] Vgl. Blos I, S. 238, 247.

[113] Wir wissen nicht inwieweit Mertz nationalliberal orientiert war. Einzig Blos wies

auf die ständige Störung des Wahlkampfes durch die Nationalliberalen hin.

[114] Damals gab es für Reichstagsabgeordnete noch keine Immunität. Mittels Rechtsklagen konnten Sozialdemokraten erfolgreich mundtot gemacht werden. Es gab eine Reihe von Prozessen. Nicht wenige Abgeordnete wurden wegen nichtiger Denunzianteninformationen zu Haftstrafen von bis zu 5 Jahren verurteilt.

[115] Vgl. Blos I, S. 246f.. Schmidt, S. 76- 81.

[116] Vgl. Schmidt, S. 80.

[117] Vgl. Schröder, S. 105.

[118] „An meine Regierung: Es erfüllt mich mit tiefentfundenem Dank, dass die im Justizausschuss vertretenen Regierungen die Souveränität der Bundesstaaten schwer beleidigende preußische Vorlage des Socialistengesetzes wesentlich erträglicher gestaltet haben. Trotzdem vermag ich es nicht einen Theil der Verantwortung für das Ausnahmegesetz zu übernehmen. Wohl aber will ich mich nach Lage der Sache der Abstimmung enthalten. Herrn von Pollius dürfte daher der Dank für Benachrichtigung über den Zeitpunkt der Bundesrathsitzung auszusprechen u. die Instruktion zu ertheilen: sich der veränderten Vorlage gegenüber der Abstimmung zu enthalten. Den geh. Regierungsrath v. Geldern behufs Stimmenthaltung nach Berlin zu senden, dürfte vermieden werden. Greiz am 25. August 1878. **Heinrich XXII.**" Schneider, S. 69f..

[119] Vgl. Schneider, S. 69- 71.

[120] Vgl. Klein, S. 44f..

[121] „An meine Regierung. Ich lese in der Zeitung, daß dem Bundesrathe ein Gesetzentwurf betreffend den Schutz nützlicher Vögel vorgelegt worden sei. Wenn ich auch für den Schutz nützlicher Vögel bin, so will ich denselben doch nicht durch R e i c h s - g e s e t z gewährt sehen: der Bevollmächtigte ist daher zu instruieren, die hiesige Stimme gegen das G e s e t z abzugeben.

Greiz, 4. December 1878.   **Heinrich XXII.**" Schneider, S. 71.

[122] Vgl. Blos I, S. 210: „**D**as geschichtliche Urteil wird sich dahingehend entscheiden, daß Fürst Heinrich XXII. die Sozialdemokratie bekämpfte, aber kein Reichsgesetz gegen sie wünschte und sich gelegentlich ihre Bundesgenossenschaft gegen Preußen gefallen ließ." Below, B. von: Die deutsche Geschichtsschreibung von den Befreiungskriegen bis zu unseren Tagen, Leipzig, 1916, S. 44, zitiert bei Schneider, S. 71.

[123] Vgl. Zeulenrodaer Kreisblatt (128) vom 26.10.1878, zitiert bei Schmidt, S. 81.

[124] Hier kam es erst wieder ab 1883 zu erneutem Aufschwung, als einige Berliner Genossen einen grandiosen Werbefeldzug starteten.

[125] Vgl. Hess, Presse, S. 285.

[126] Vgl. Akte Kap. XI, 628 Landratsamt Greiz, zitiert bei Schmidt, S. 82.

[127] Vgl. Hess, Presse, S. 271.

[128] „An unsere Leser!   Die Auslegung, welche das Gesetz durch die ausführenden Behörden finden wird, steht noch nicht fest. Um die Existenz unseres Blattes nicht zu gefährden, glauben wir uns verpflichtet, die denkbar schärfste Auslegung des Gesetzes im Auge zu halten, wir werden daher in unserer Redaktion alles vermeiden, was bei einer solchen Art der Auslegung zu einem Einschreiten gegen das Blatt führen könnte" Reußische Volkszeitung (49) , 23.10.1878, Quelle bei Hess, Presse, S. 292.

[129] Die Beschwerde des Verlegers August Teuchers vom 13.11.1878 wurde am 20.1. 1879 endgültig an die Reichs- Commission verwiesen.

[130] **Anarchie**: Diese radikale politische Bewegung sah die politische Gesetzlosigkeit der Gesellschaft als Idealzustand an, welcher von ihren aggressivsten Vertretern mittels Terroranschlägen und Attentaten auf Politiker und Mitglieder fürstlicher Familien verwirklicht werden sollte.

[131] Daneben existierten Zeitschriften, wie „Der Reichsbürger", „Die Thüringer Waldpost", die „Berliner Volkstribüne", sowie die „Recht auf Arbeit". Vgl. Querfeld, S. 113.

[132] **D**ie „Freiheit" ist in Gera seit 1879 nachgewiesen. Noch 1882/1887 wurden lokale

Leserbriefe Geraer Arbeiter veröffentlicht.

[133] So finden wir Kurznachrichten über eingesandte Unterstützungsgelder aus Zeulenroda und Schikanen der Polizei in Greiz, wonach Verdächtige – selbst solche, die sich vordem niemals etwas zu Schulen kommen hatten lassen – in Ketten durch ihr Wohnviertel geführt oder gar zusammen mit Kriminellen in eine Zelle gesperrt wurden.

[134] Vgl. Hess, Presse, S. 289ff., Schmidt, S. 90.

[135] Diese hochkarätige Verteidigung spricht von einem ausgezeichneten Krisenmanagement der Bewegung.

[136] Erst 1903 wurden die Nachforschungen der Behörden eingestellt.

[137] Vgl. Akte n. Rep. A, Kap. IX, Nr. 137, S. 17, zitiert bei Schmidt, S. 89.

[138] Vgl. Hess, Presse, S. 291; Schmidt, S. 88f..

[139] Ab 1878 wurden in den thüringischen Ländern Strafen von 8 Monaten bis 2 Jahren Haft für derlei „Schreibtischverbrechen" verhängt.

[140] Vgl. Hess, Presse, S. 262f..

[141] So erschienen sozialdemokratische Flugblätter im Februar 1883 unter dem Kopf der „Greizer Zeitung", sowie im August 1885.

[142] Vgl. Schmidt, S. 84.

[143] Vgl. ebd., S. 85ff..

[144] Vgl. ebd., S. 83-91.

[145] Es wurde der Schwindel verbreitet, sozialdemokratische Wahlstimmen seien, wegen des Verbots, von vorneherein ungültig. Flugblätter wurden konfisziert, ihre Verbreiter länger, als üblich in Haft behalten. Vgl. Blos, II, S. 29.

[146] Nach §17 Reichswahlgesetz von 1869. Vgl. Hess, Presse, S. 287.

[147] Jede Versammlung in der Blos als Redner angekündigt war, wurde verboten. Trat er als Diskussionsteilnehmer auf, wurde die Veranstaltung abgebrochen. Diese Isolationspolitik der Gendarmerie wurde von den Sozialdemokraten geschickt hintertrieben, indem junge Mädchen die beaufsichtigenden Gendarmen einzuschläfern, betrunken zu machen, oder zu „Gesetzeswidrigkeiten" zu verleiteten suchten. Die genüsslichen Anekdoten, die Blos in seinen „Denkwürdigkeiten" zum besten gibt, zeigen, wie hilflos die Behörden den sozialdemokratischen „Umtrieben" gegenüberstanden und wie leicht sich die Beamten hinters Licht führen ließen. Darin spiegelt sich, wie schon erwähnt, die Selbstgefälligkeit, Ignoranz, Inkompetenz mancher Gendarmen. Vgl. Blos II, S. 30f..

[148] Renitente Hessen: Hessen-Kassel war im Preußisch-Österreichischen Krieg von 1866, der im Grunde ein Reichskrieg gegen das unruhige Preußen war, auf der „falschen" Seite gestanden. Zur Strafe wurde der Souverän entmachtet, sein Territorium Preußen zugeschlagen und der Behördenapparat neu strukturiert. Renitente Hessen waren demnach ehemalige Beamte, die ihre Stelle im Zuge dieser „Reform" verloren hatten und dementsprechend antipreußisch eingestellt waren.

[149] Vgl. ebd..

[150] Vgl. Schmidt, S. 92ff..

[151] Im Durchschnitt der thüringischen Staaten lag man mit 6,3 Prozent ähnlich, hatte allerdings bedeutend mehr Stimmen verloren (-4%).

[152] Später sollte noch ein Mandat hinzukommen.

[153] Vgl. Schröder, S. 108.

[154] Vgl. Blos II, S. 33.

[155] Vgl. Querfeld, S. 159.

[156] Erfolgreiche Teilnahme der reußischen Firmen an der Leipziger Wollwarenmesse 1880, wo sie erstmalig britische Qualitätsstandards erreichte. Von nun an stiegen die Exporte nach Übersee. (Vgl. Beck, S. 173f..) Überhaupt entwickelte der Elster-Raum und seine angrenzenden Gebiete in der Folge eine der höchsten Industriedichten Europas und avancierte bald zum Zentrum der nordeuropäischen Textilindustrie.

So lebten in Greiz bald die meisten Textilmilionäre Deutschlands und Gera erlangte 1913 zusammen mit Krefeld den Titel ›Reichste Stadt des Deutschen Kaiserreiches‹.

[157] Vgl. Schmidt, S. 124., 126f., 211. Militärische Gewalt gegen Zivilisten war in 19. Jahrhundert keine Seltenheit. In Harra (Reuß-Ebersdorf) schossen 1826 Soldaten auf demonstrierende Bauern, töteten 17 Menschen [z. T. Frauen] und verletzten etliche schwer.

[158] Vgl. Beck, S. 211.

[159] Die spätere Untersuchung der Behörden ergab im wesentlichen 2 Streikmotive. Einerseits ging es um höhere Löhne schlechthin. Andererseits hatte die Einführung eines neuen Normaltarifs zu Lohneinbußen geführt. Vgl. Schmidt, S. 124.

[160] Vgl. ebd., S. 127- 131.

[161] 75% der Zeulenrodaer Textilarbeiter waren dort beschäftigt.

[162] In Greiz hatten sie angeblich nur um Erlaubnis gesucht, in einer Versammlung über die Tätigkeit im Reichstag berichten zu dürfen. Vgl. Blos II. 31f..

[163] Vgl. Schmidt, S. 125f..

[164] Vgl. Blos II, S. 105, 108.

[165] An diesem Beispiel sieht man deutlich, dass sich die Agitation der Partei vornehmlich auf der Forcierung der Verbesserung der sozialen Lage aufbaute und dass die Bewegung sofort an Boden verlor, wenn der Staat den menschlichen Grundbedürfnissen entgegenkam.

[166] Vgl. Blos II, S. 114f; Schmidt, S. 95- 99f..

[167] Vgl. Schröder, S. 110f..

[168] Vgl. Beck, S. 173.

[169] Wahlbeteiligung in Reuß ä.L. Von 6.812 (1884) auf 10.052 (1887) gestiegen. Vgl. Schmidt, S. 101.

[170] Vgl. ebd., S. 100f..

[171] Vgl. Ritter; Gerhard, A., u.a.: Das Wahlrecht und die Wählerschaft der Sozialdemokratie im Königreich Sachsen 1867–1914, in: Der Aufstieg der deutschen Arbeiterbewegung (Hg. Von Gerhard, A. Ritter u.a.), München, 1990, S. 64.

[172] Vgl. Schmidt, S. 101f..

[173] Vgl. Feustel, Franz: Erinnerungen aus meinem Leben, Greiz, 1941, zitiert ebd..

[174] Henning wurde ein Prozess wegen angeblicher Majestätsbeleidigung angehängt. Der Fall wurde an das Reichsgericht verwiesen.

[175] Vgl. Schmidt, S. 102- 107.

[176] Vgl. Schröder, S. 115f..

[177] Vgl. Schmidt, S. 107f..

[178] Vgl. Beck, S. 215ff..

[179] 1884 wurde die Gründung einer Filiale des Deutschen Manufakturarbeiterverbandes wegen Verdachts auf sozialdemokratische Umtriebe nicht genehmigt. 1885 konnte ebendarum ein Fachverein für Fabrikarbeiter nicht gegründet werden. Vgl. Querfeld, S. 158.

[180] Robert Schenk, der Sohn eines Strumpfwirkergesellen, der es zum Alleinmeister brachte, war 1887 nach Zeulenroda gezogen und hatte eine Stellung in der Wirkerei Schopper angenommen. Vorher war er in der sächsischen Parteiorganisation an höherer Stelle tätig, bis er dort nicht mehr öffentlich auftreten durfte. Noch 1885 war er von der Reichstagswahlversammlung zum Schriftführer bestellt worden. Seine Söhne schickte er in eine gehobene Bürgerschule. Spätestens 1893 hatte ihn seine Vergangenheit eingeholt. Er durfte nun auch im Reußenland nicht mehr öffentlich auftreten und die Behörden weigerten sich, ihn als Vertreter der Bewegung zu akzeptieren. Bald politisch kaltgestellt, kam er in Not. Vgl. Schmidt, S. 113ff..

[181] Vgl. Querfeld, S. 159.

[182] Vgl. Schmidt, S. 134ff..

[183] Vgl. ebd., S. 110- 117.

[184] Vgl. Querfeld, S. 112, 117.

[185] Vgl. Schmidt, S. 174f., 140.

[186] Vgl. Querfeld, S. 161.

[187] Vgl. Grebbing Helga, Geschichte der deutschen Arbeiterbewegung, Bonn, 1970, S. 48; Miller, Susanne, u.a.: Geschichte der deutschen Arbeiterbewegung. Ein Lern- und Arbeitsbuch, Bonn 1984, S. 50.

[188] Siehe Beispiel Berlin-Wedding, S. 41.

[189] Der einzige Sohn des Fürsten war regierungsunfähig, worauf das Land vom Fürsten der jüngeren Linie mit regiert wurde, weswegen die älteren Reußen bei der „Fürstenabfindung" zu Beginn der 1920er Jahre auch einen schlechteren Schnitt machten und zahlreiche, ihrer Besitztümer verstaatlicht wurden. Neben Schloss Burgk und anderen behielt die Familie noch ein Wohnrecht auf dem Greizer Schloss. Nach dem Tod des letzten männlichen Nachfahren des älteren Hauses 1927 gab es nur noch dessen Schwestern, deren bekannteste, Prinzessin Hermine, später den abgedankten ehemaligen Deutschen Kaiser Wilhelm II. ehelichte. Von dem letzten zu Gera regierenden Haus Schleiz der jüngeren Linie gibt es ebenfalls keine männlichen Nachkommen mehr, nachdem der Chef des Hauses 1945 beim Einmarsch der Roten Armee vom sowjetischen Geheimdienst verschleppt wurde und seitdem verschollen ist. So ist der im Jahre 1690 vom Haus Schleiz abgespaltete – mit Landbesitz abgefundene und daher ehedem nicht regierende – Zweig Reuß-Köstritz heute das einzige noch verbliebene reußische Haus. Es blüht inzwischen aber wieder in mehreren Ästen und Zweigen in Österreich und in Deutschland.

[190] Ein Vergleich mit dem etwa strukturgleichen, aber politisch fortschrittlicheren Geschwisterstaat Reuß jüngere Linie [Gera, Schleiz-Lobenstein] zeigt, wie sehr die politische Beschränkung auf Landesebene den Reichstagswahlkampf nährte. In Reuß zu Gera war die Bewegung schon früher an der regionalen Entscheidungsfindung beteiligt, erlangte allerdings erst 1890, also 13 Jahre später, wie in Greiz, das erste sozialdemokratische Reichstagsmandat. Aus diesem Blickwinkel könnte man argumentieren, dass die politische Rückständigkeit in Reuß ä.L. die Fundamentalpolitisierung der dortigen Gesellschaft in gewisser Weise auch vorangetrieben hat. Man denke hierbei auch an die Machtübernahme der Bolschewiki 1917 in Rußland, wo ausgerechnet in jenem europäischen Industrieland, wo es mit weniger als 3% Anteil an der Bevölkerung die wenigsten Arbeiter gab, das Proletariat obsiegen konnte.

[191] Bei den Kommunalwahlen in Crispendorf lag das politische Schwergewicht bei kommunalen Wahlen mit 500 Stimmen beim Rittergutsbesitzer. Gegen ihn konnten die Großbauern, wenn sie ihre je 50 Stimmen zusammenschlossen, agieren. Die Großbauern fühlten sich ihrerseits den Klein und Mittelbauern (bis zu 10 Stimmen, je Hof) überlegen. Die kleinen Hausbesitzer dagegen hatten nur eine, die Mägde und Knechte keine Stimme, weil sie keine Gemeindemitglieder waren.
Wenn das ganze Dorf zusammenhielt, konnte die Gemeinschaft das Übergewicht des Rittergutes gefährden. Das war jedoch nicht immer der Fall, weil sich die bäuerlichen Schichten zu sehr voneinander abgrenzten. So arbeiteten die Häusler manchmal mit dem Rittergutsbesitzer zusammen, wenn sie sich von den großen Bauern bedroht sahen und umgedreht. (Vgl. Harry Blöthner, u. a.: Die Kirche zu Weira, Weira, 2003, S. 8.)

[192] Während ein Durchschnittsarbeiter um 1870 kaum Geld zur freien Verfügung übrig hatte, konnte er 1890 immerhin schon 4% seines Lohnes für Bücher, Bilder, oder Geselligkeit ausgeben.

[193] Vgl. Blos, Wilhelm: Denkwürdigkeiten eines Sozialdemokraten, Bd. I (II), München 1914 (1919).

[194] Vgl. Feustel, Franz: Aus der Vergangenheit des Greizer Textilgewerbes, Berlin 1940.

[195] Vgl. Grebbing, S. 48ff..

Die Reihe Plothener Hefte zur Thüringer Regionalgeschichte

Band 1: Sagenhafte Wanderungen im Land der Tausend Teiche um Plothen, Dreba, Knau, bis nach Crispendorf und Linda – 88 S. Broschürt

Band 2: Die Kirche zu Weira – Kirchgemeinde und Baugeschichte. Festschrift zur Wiedereinweihung der Marienkirche – 64 S. Broschürt

Band 3: Gespenster im alten Gera – Soziologische Untersuchungen zum Geisterphänomen – 104 S. Broschürt

Band 4: Sagenorte und Sagengestalten in der Volksüberlieferung des Orlagaues unter besonderer Berücksichtigung magischer Pflanzen, gespenstischer Tiere und keltischer Flurnamen – 80 S. Broschürt

Band 5: Die Herrschaft der Universität Jena über die Stadt Apolda im 18. Jahrhundert – Ein Rationalistischer Herrschaftsstil? – 72 S. Broschürt

Band 6: Die Jenaer Umgebung als Erinnerungslandschaft – Ästhetisierung und Rezeptionswandel – 104 S. Paperback, ISBN 978-3-743-17616-4

Band 7: Das Kriegsende 1945 in Thüringen aus Sicht der Zivilbevölkerung – 152 S. Paperback, Bezug über den Buchhandel: ISBN 978-3-84481-554-2

Band 8: Geschichte und Geschichten aus dem Orlagau – Eine alte Kulturlandschaft stellt sich vor – 96 S. Broschürt

Band 9: Eine kleine Geschichte der Landwirtschaft in Ostthüringen unter besonderer Berücksichtigung des Saale-Orla-Kreises – 128 S. Broschürt

Band 10: Der Dreissigjährige Krieg in Thüringen [1618-1648] – Östlicher Teil: Reuß, Schwarzburg, Orlagau, Holz- und Osterland, 396 S. Paperback – Bezug über den Buchhandel: ISBN 978-3-74129-289-7

Band 11: Eine kleine Geschichte der Jagd und des Waldes im Saale-Orla-Kreis – 80 S. Broschürt

Band 12: Kamen die Reußen von der Unstrut? – Das Kloster Homburg bei Bad Langensalza und seine Gründer – 96 S. Paperback, ISBN 978-3-74317-635-5

Band 13: Fackeln des Krieges – Nordischer Krieg [1700-1721], Siebenjähriger Krieg [1756-1763] und Napoleonische Kriege [1806-1815] an Saale, Orla und Wisenta, 192 S. Paperback

Band 14: Geheimnisse der Vorzeit im Orlagau – Von den Jägern und Sammlern der Urzeit bis zu den Kelten – 116 S. Broschürt

Band 15: Waldlandvölker – Germanen und Sorben im Saale-Orla-Raum – Vom Leben im Ersten Jahrtausend nach Christi – 2 Teilbände: 60/68 S. Broschürt

Band 16: Die Geschichte der Arbeiterbewegung im Fürstentum Reuß älterer Linie – Ziviler Ungehorsam im 19. Jahrhundert – 80 S. Paperback, ISBN 978-3-74317-627-0

Band 17: Wie dunkel war das Mittelalter? – Der Saale-Orla-Raum vom Mittelalter bis zur Frühneuzeit [899–1567] – 116 S. Broschürt

Band 18: Zwischen Heil und Verdammnis – Christianisierung und Reformierung im Saale-Orla-Raum [950–1590] – Eine etwas andere Kirchengeschichte, 104 S. Bro.

Band 19: Abschied von der alten Saale – Beiträge zur Wirtschafts-, Sozial- und Alltagsgeschichte von Oberland und Orlasenke, Band 1, 344 S. Paperback [Sammelband der Folgen 11, 22, 23, 24, 25], ISBN 978-3-8448-0813-1

BAND 20: Krobitz im Wandel der Zeiten – Festschrift zum 400jährigen Jubiläum der Wiederaufrichtung der St. Annenkapelle – 88 S. Broschürt

Band 21: Landes Chronica des Saale-, Orla- und Wisenta-Raumes – Von den Besiedelungsanfängen bis zur Wende des 16. Jahrhunderts– 400 S. Paperback [Sammelband der Folgen 14, 15, 17, 18]

Band 22: Alte Bergwerke und Goldseifen im Saale-Orla-Raum – Wissenswertes über eine vergessene Bergbauregion ans Licht gebracht – 64 S. Broschürt

Band 23: Mühlen, Hammerwerke, Schmelzhütten an Saale und Orla – Zur regionalen Industriegeschichte in ›Händischer Zeit‹ – 64 S. Broschürt

Band 24: Alte Handelsstraßen und Floßverkehr im Saale-Orla-Raum – 60 S. Broschürt

Band 25: Die Stadt und ihre Nachbarschaft – Urbane Strukturen im Neustädter Kreis und im Reußischen Oberland während der Frühneuzeit – 80 S. Broschürt

Band 26: Von alten Bräuchen und Festtagen im Saale-Orla-Kreis – 88 S. Broschürt

Band 27: Rittergüter im Saale-, Orla- und Wisenta-Raum – Entstehung, Machtentfaltung, Untergang – 180 S. Paperback

Band 28: Sagen und Altertümer in Neustadt/Orla und Umgebung – 116 S. Paperback

Band 29: Sagen und Altertümer um Ziegenrück – 52 S. Broschürt

Band 30: Sagenhafte Wanderungen im Saale-Orla-Kreis, Band 1: Ziegenrück, Land der Tausend Teiche, Neustadt/Orla und Umgebung, 308 S. Paperback [Sammelband der Folgen 1, 4, 29, 30] Bezug über den Buchhandel: ISBN 978-3-8482-0912-5

Band 31: Weyrische Chronik, Band 1: Das Dorf Weira und seine nähere Umgebung in Geschichte und Gegenwart – 288 S. Paperback

Band 32: Weyrische Chronik, Band 2: Beiträge zur Wirtschafts-, Schul- und Kirchengeschichte sowie zur Ortsflur und zur Infrastruktur von Weira – mit dem Weiraer Haus- und Familienbuch – 264 S. Paperback

Band 33: Harry Blöthner: Meine Lebenswege [1924-1948] – 72 S. Paperback

Band 34: Sagenhafte Wanderungen in der Aga-Hochebene und im südlichen Lößhügelland von Steinbrücken nach Pölzig – 60 S. Broschürt

Band 35: Sagenhafte Wanderungen von Langenberg durch das Brahmetal nach Bethenhausen – 68 S. Broschürt

Band 36: Sagenhafte Wanderungen um Bad Köstritz, Crossen u. Umgeb. – 68 S. Broschürt

Band 37: Sagenhafte Wanderungen im Bundsandsteingebiet westlich der Weißen Elster durch den Saarbach-, Erlbach-, Weißiger Grund – 88 S. Broschürt

Band 38: Sagenhafte Wanderungen in Ronneburg und Umgebung sowie durch das Gessental nach Pforten – 80. S. Broschürt

Band 39: Sagenhafte Wanderungen im Geraer Becken, Erster Teil: Das Gebiet westlich der Weißen Elster mit dem Stadtwald – 68 S. Broschürt [Zusammen mit Band 40 auch als Paperback 100 S.]

Band 40: Sagenhafte Wanderungen im Geraer Becken, Zweiter Teil: Das Gebiet östlich der Weißen Elster mit dem alten Gera – 96 S. Broschürt

Band 41: Sagenhafte Wanderungen in Weida und Umgebung – 96 S. Paperback

Band 42: Sagenhafte Wanderungen in Triptis, Auma und Umgebung – 80 S. Paperback

Band 43: Eine sagenhafte Wanderung auf der Hochebene nördlich von Oettersdorf – 72 S. Paperback

Band 44: Sagen und Altertümer aus Schleiz und Umgebung – 100 S. Paperback

Band 45: Sagenhafte Wanderungen in Tanna und Umgebung – 68 S. Broschürt

Band 46: Sagenhafte Wanderungen um Gefell, Hirschberg und Blankenberg – 68 S. Paperback

Band 47: Sagenhafte Wanderungen in der Gemeinde Remptendorf und auf den Saale- und Sormitzhöhen – 68 S. Broschürt

Band 48: Sagen und alte Geschichten aus Saalburg-Ebersdorf und Umgebung – 80 S. Bro.

Band 49: Sagenhafte Wanderungen durch die Saale-Rennsteig-Region: Blankenstein und Umgebung – 48 S. Broschürt

Band 50: Sagen und Altertümer aus Bad Lobenstein und Umgebung sowie aus der Erinnerungslandschaft um ›Saalpolynesien‹ – 60. S. Broschürt

Band 51: Sagenhafte Wanderungen im Raum Wurzbach, im Sormitztal und im [Thüringischen] Frankenwald – 56 S. Broschürt

Band 52: Sagenhafte Wanderungen in Ranis und Umgebung, Teilband 1: Stadt und Burg Ranis mit den Zechsteinriffen um Brandenstein – 84 S. Broschürt

Band 53: Sagenhafte Wanderungen in Ranis und Umgebung, Teilband 2: Die Dörfer zwischen Ranis und der Oberen Saale – 84 S. Broschürt

Band 54: Sagenhafte Wanderungen um Krölpa und in den Wäldern der Heide – 64 S. Broschürt

Band 55: Sagen und Altertümer aus Pößneck und Umgebung – 88 S. Broschürt

Band 56: Sagenhafte Wanderungen in der Verwaltungsgemeinschaft Oppurg; Teil 1: Von Oppurg über die Heidewälder nach Langenorla und Kleindembach – 80 S. Broschürt

Band 57: Sagenhafte Wanderungen in der Verwaltungsgemeinschaft Oppurg; Teil 2: Von Wernburg über die Bahrener Höhe nach dem Weiraer Wald – 88 S. Broschürt

Band 58: Sagen und Altertümer von den Zechsteinriffen der Orlasenke – 88 S. Broschürt

Band 59: Sagenhafte Wanderungen zwischen Saale und Ilm östlich von Leutenberg – 68 S. Broschürt

Band 60: Sagenhafte Wanderungen um Schloss Burgk und seine Umgebung – 56 S. Broschürt

Band 61: Thüringer Fürsten und ihre Residenzen im 18. Jahrhundert: Coburg, Ebersdorf, Eisenberg, Gera, Gotha, Greiz, Köstritz, Lobenstein, Neustadt/O., Rudolstadt, Saalfeld, Schleiz, Weida, Weimar, Zeitz u.a. – 200 S. Paperpack, ISBN 978-3-74317-622-5

Alexander Blöthner:

Geschichte des Saale-Orla-Raumes: Oberland und Orlasenke

Band 1: *Eine LandesChronika von den frühesten Anfängen der Besiedlung bis 1599*
ISBN 978-3-74315-120-8, 420 S. PAPERBACK, 75 BILDER

Der Saale-Orla-Kreis zählt zu den schönsten, als auch zu den historisch bedeutendsten Regionen Thüringens. Vorzeitliche Funde, Burgen und historische Bauten finden sich hier in einer Zahl wie sonst nur noch im Rheintal. Eine Erinnerungslandschaft, die sich durch Vielfalt und Verschiedenartigkeit auszeichnet. Dieses ausgesprochen spannende, durch und durch mystische Buch geht zurück zu den Wurzeln des Landes und läßt die alten Tage wieder auferstehen. Heimatinteressierte und Besucher seien einladen, die Geschichte dieses Landes in neuem Licht zu sehen. Am Puls der Zeit geschrieben, finden Sagen, alte Geschichten und neueste wissenschaftliche Erkenntnisse übersichtlich in einem Werk zusammen. Jetzt am Beginn eines neuen Zeitalters findet sich im Bekannten die Kraft für das Neue. Packend und augenzwinkernd zugleich wird der Leser gleichsam auf jene Aspekte hingewiesen, die wieder und wieder, in ständig wechselnder Verkleidung das Leben der Menschen von jeher bestimmten und wohl auch in Zukunft bestimmen werden.

Alexander Blöthner:

Geschichte des Saale-Orla-Raumes: Oberland und Orlasenke

Band 2: *Eine LandesChronika des 17. und 18. Jahrhunderts mit dem 30jährigen Krieg [1600-1648], dem Zeitalter des Absolutismus und der fürstlichen und gräflichen Residenzen in der Region, dem Nordischen Krieg [1700-1721], dem Siebenjährigen Krieg [1756-1763] bis hin zum Ende der Napoleonischen Zeit 1815*
ISBN 978-3-74312-886-6, 660 S. PAPERBACK

Ein emotional tief bewegendes Zeitbild, nicht nur über die bedeutenden Akteure der großen, damals stattgefundenen Zeitdramen, die zu dieser Region immer wieder in Beziehung getreten sind, sondern auch von den kleinen Leuten, über deren Geschicke die große Geschichtsschreibung früher immer wieder hinweggegangen ist.

Alexander Blöthner

Wiprecht von Groitzsch und Kaiser Heinrich IV. – Der Aufstieg eines Ritters im 11. Jahrhundert

Eine Untersuchung zur Entstehung von Gefolgschaftsverhältnissen und zur Herausbildung des Hochadels während des Investiturstreits im 11./12. Jahrhundert
ISBN 978-3-92637-047-1, 152 S. PAPERBACK

Das in der Pegauer Klosterchronik überlieferte abenteuerliche Leben des Wiprecht von Groitzsch [1050-1124] hat die Menschen der Neuzeit seit jeher fasziniert.
In dieser Figur vereint sich das ganze Repertoire der scheinbaren Widersprüche, mit welchen die Nachwelt das Hochmittelalter beurteilt. Wiprechts Taten schwanken zwischen skrupelloser Gewalt und Reue, zwischen Buße und Pragmatismus, zwischen Kirchenschenkungen und Eigennutz hin und her. Sein Leben ist von Höhen und Tiefen gezeichnet. Aus kleinen Anfängen schwingt er sich zum Herrn einer ganzen Landschaft empor. Dann verliert er alles und verbringt Jahre im Kerker. Selbst in hoffnungsloser Situation gibt er nicht auf. Am Ende gewinnt er alles zurück und mehr noch dazu. Das vorliegende Buch möchte dem Leser tröstlich vor Augen führen, dass auch frühere Zeiten von Umbrüchen gezeichnet waren und die Menschen seit jeher oft genug furchtsam in eine ungewisse Zukunft geschaut haben.